Eitel Mantowski, Claudia Hellwig, Frank Münschke (Hg.)
Menschen und Zollverein

Für Ricky,
Holger und Oskar
für die schöne, einzigartige
und gemütliche Zeit!

Claudia

KLARTEXT

Eitel Mantowski
Claudia Hellwig
Frank Münschke (Hg.)

Menschen und Zollverein

Mit Interviews von
Zollvereiner-Frauen
durch Veronika Maruhn

1. Auflage Januar 2010
Satz und Gestaltung: Klartext Medienwerkstatt GmbH, Essen
Umschlaggestaltung: Kai Münschke, Essen
Druck und Bindung: Aalexx Buchproduktion GmbH, Großburgwedel

ISBN 978-3-8375-0222-0

www.klartext-verlag.de

Inhalt

Geleitwort

Die Geschichtswissenschaften versagen regelmäßig, wenn es um Arbeit geht, um ihre Beschreibung und um die Bedeutung der Arbeit, die sie für jene hat, die sie leisten. Auch Museen haben mit dem Thema Arbeit eigene Schwierigkeiten. Sie können Produkte zeigen, auch die Werkzeuge. Aber wo bleiben die Fertigkeiten, das Wissen, die Erfahrungen, die Abläufe? Wo bleiben die Mühen, die Freude und Befriedigung, die Anspannung und die Erschöpfung der Arbeitenden? Wo bleiben die Empfindungen, wo die Faktoren, die dazu beitragen, die Arbeitskraft nach Feierabend wieder herzustellen? Wo bleibt die Arbeit der Frauen, wo das Essen kochen, das Saubermachen und Waschen, die Besorgung des Gartens, die Versorgung und Betreuung der Kinder? Wenn nun die Wissenschaften in diese Welt der Arbeit nicht oder nicht tief genug eindringen können, wer hält fest, was über Arbeit zu sagen ist? Dann müssen die Menschen selbst zur Feder greifen, dann müssen sie erzählen, dann müssen diese Berichte aufgezeichnet und in Text verwandelt werden. Das haben die Autorinnen und Autoren, die von ihnen Befragten mit diesem Buch geleistet: eine Heidenarbeit! Glückwunsch und Anerkennung von einem, der auch nicht weiß, wie industrielle Arbeit wirklich war.

Schacht XII der Zeche Zollverein war – und ist es noch heute – technisch und architektonisch ein Wunder. Aber er war so konzipiert, dass das Unternehmen möglichst wenig Arbeiter zur Produktion brauchte. Rationalisierung war das Zauberwort, Mechanisierung war das Gebot der Stunde. Mit möglichst wenig Menschen ein Maximum an Kohle zu fördern, war das Ziel der Schachtanlage. Natürlich trügt dieses Bild der Menschenleere, das Zollverein noch heute bietet – bis auf die zunehmende Zahl von Menschen, die den Standort besuchen, in ihrer freien Zeit, als Touristen. Die Arbeit der 6.000 Menschen unter Tage und über Tage blieb lange Zeit verborgen – auch die Arbeit derer, die die Kohlenwäsche in Betrieb hielten. Die Arbeit der Bergleute vor Kohle, unter Tage, hat lange Zeit unser Bild der Bergarbeit prominent geprägt. Jetzt aber, mit diesem Buch, erfahren wir etwas über die Arbeit der „anderen“; was geschah mit Kohle und Bergen, wenn sie zutage gefördert waren? Wer bereitete die Kohle auf, bevor sie weitertransportiert wurde? Nun, mit diesem Buch wissen wir es – aus ihrem eigenen Munde. Das füllt eine Lücke in unserer Wahrnehmung, das fügt der wissenschaftlichen Beschreibung, fügt der Darstellung im Museum das Entscheidende hinzu: die Menschen. Dieses Buch ist ein Denkmal der ganz besonderen Art.

Ulrich Borsdorf
„Waschbär“ und Direktor
im Jahr vor der Eröffnung des Ruhr Museums – September 2009

Blick aus der Turmfördermaschine von Schacht 2 auf die ehemalige Hauptverwaltung der Zeche in der Bullmannaue 11ˆ. In dem heutigen Haus der Asienstiftung fanden vieler unserer Besprechungen für dieses Buch statt.

Vorwort

Es gibt viele informative Bücher, die sich mit der langen Geschichte, der herausragenden Technik und der grandiosen Architektur von Zollverein Schacht 12 befassen. Aber ein Aspekt ist noch nicht Ausgangspunkt eines Buches über Zollverein gewesen: Die Menschen, die Zollverein bewegten und die von Zollverein auf Trab gehalten wurden. Diese Lücke wird mit diesem Band geschlossen.

Eitel Mantowski hat das Projekt angestoßen und uns – das sind die Historikerin Claudia Hellwig und der Werkbundler Frank Münschke – mit ins Boot geholt. Seine Idee war es, das Leben und die Arbeit auf Zollverein und in den Stadtteilen ringsherum aus der Sicht derjenigen zu beschreiben, die dieses Leben gelebt haben. Gemeinsam haben wir dann mit 16 alten Zollvereinern insgesamt zwei Jahre daran gearbeitet – haben diskutiert, Interviews geführt und sind gemeinsam mehrmals durch die Kohlenwäsche und die anderen Arbeitsplätze der Zollvereiner gegangen.

Zunächst war die Meinung vieler Ehemaliger: „Geht weg, lasst mich damit in Ruhe. Ich will davon nichts mehr hören!“ Daraus hörte man die teilweise offene Ablehnung und Verbitterung, die der Gedanke an den ehemaligen Arbeitsplatz bei manchem hervorrief. Im Laufe der Zeit wurde den ehemaligen Zollvereinern aber klar: „Bei diesem Buchprojekt werde ich ernst genommen, da gilt meine Erzählung, da ist meine Geschichte etwas wert.“ So ist aus einer spannenden Idee dieses Buch entstanden und nebenbei haben sich viele alte Freunde wiedergefunden.

Wir haben uns bewusst darauf beschränkt, lediglich das Hintergrundwissen zur Verfügung zu stellen, das zum Verständnis der Erzählungen der Ehemaligen oft notwendig ist. Alles andere, wie die Beschreibung der Abläufe, der Arbeit, der Belastung und des Stresses sowie eine kurze Einführung in die Geschichte der Zeche, werden von den Zollvereinern selbst gegeben.

Außerdem ist ein leicht verständliches Glossar angehängt, denn Technik bleibt im wahrsten Sinne des Wortes eine Wissenschaft für sich. Was Lesern aus vergleichbaren Arbeitsbereichen geläufig und selbstverständlich ist, ist für viele, die bisher kaum Berührungspunkte mit der Zechenwelt über wie unter Tage hatten, eine neue Welt mit einer eigenen Sprache. Aber auch ein „Waschbär“ – so nannten sich die Arbeiter in der Kohlenwäsche – kennt den Arbeitsplatz eines Fördermaschinisten nicht so gut wie seinen eigenen, und ein Kesselwärter kennt die Wipperhalle weniger gut als das Kesselhaus.

Der Zeitraum, von dem hier erzählt wird, erstreckt sich von den 1940er Jahren bis zur Schließung der Zeche in den 1980er Jahren und umfasst damit nahezu die gesamte Betriebszeit von Schacht 12.

Auch die Zeit des Nationalsozialismus und des Zweiten Weltkriegs ist Teil der Erinnerungen der Zollvereiner. Auf den Bereich wartet in Zukunft eine weitergehende historische und museale Aufbereitung, eine Aufgabe, der sich Stiftung Zollverein und Ruhrmuseum annehmen wollen.

Alltagsgeschichte und Arbeitswelt, das Leben mit, auf und „für“ Zollverein stehen hier im Vordergrund, werden greifbar und vermitteln ein Gefühl für die Atmosphäre auf der lange Zeit modernsten Schachtanlage der Welt.

Die Gesprächsform, die auszugsweise gewählt wurde, ermöglicht es, dem Leser ein direkteres Bild und den Erzählern viel Freiraum zu geben. Hier sprechen die Ehemaligen selbst – mal sachlich, mal frei nach Schnauze – und bieten ein unverstelltes Bild auf ihre Arbeit. Unterschiedliche Sichtweisen und Perspektiven werden deutlich, aber auch Parallelen, etwa was den Zeitdruck angeht, unter dem alle Arbeiten auf dieser Zeche standen, oder auch im Bereich Arbeitssicherheit. Helme? Vor sechzig Jahren gab es so etwas noch nicht.

Zwei „alte Waschbären“: Ewald Waschkowski (links; er war 41 Jahre – zuletzt als Reviersteiger – in der Kohlenwäsche auf Zollverein) und sein ehemaliger Vorarbeiter der Schlosserei, Heinz Spahn (rechts; 26 Jahre Zollverein) informieren den „neuen Waschbären“ Professor Ulrich Borsdorf über ihre Arbeit in der Kohlenwäsche. (Zweiter von rechts: Frank Münschke, einer der Initiatoren des Projektes)

Zollverein Schacht 12 gilt zu Recht als herausragendes Beispiel für technischen Fortschritt und Architektur, dennoch ist die Anlage, was die Arbeitsbedingungen angeht, vergleichbar mit anderen Zechen und Industrieanlagen, von denen es im Ruhrgebiet viele und spannende zu entdecken gibt.

*

Aber Arbeit und Zeche waren nur die eine Seite der Medaille. Die andere war das Leben der Frauen der Zollvereiner, das Leben im Stadtteil und nicht zuletzt der Fußballverein Sportfreunde Katernberg.

Veronika Maruhn hat die Frauen der Ehemaligen interviewt, hat versucht ihre Sicht auf Zollverein und die Arbeit ihrer Männer zu beschreiben. Ohne diese Frauen wäre Vieles nicht gegangen: Es wäre kein Essen auf dem Tisch und die Kinder wären nicht versorgt gewesen. Diese Last mussten die Frauen der Zollvereiner schultern und gleichzeitig darauf warten, ob der Mann von der Schicht kommt oder ob er mal wieder wegen Reparaturen für ein Wochenende oder eine Überschicht auf der Zeche bleiben musste. „Dann nimm doch dein Bett gleich mit!“, wird nicht nur einmal der Kommentar gewesen sein.

*

Katernberg – der ganze Stadtteil war auf die Zeche und die Kokerei abgestimmt. Die Arbeitszeiten der Zollvereiner und ihre Bedürfnisse hatten Einfluss auf die Öffnungszeiten der umliegenden Kneipen. Die waren zum Schichtwechsel geöffnet und man konnte an der Durchreiche „mal eben ein Pilsken“ nehmen.

Dann gab und gibt es noch heute Sportfreunde Katernberg – einen Traditionsverein, der Anfang der 1950er noch mit Schalke 04 in der Oberliga West um die Westdeutsche Meisterschaft gerungen hatte und dessen wohl bekanntestes Kind der Weltmeisterschafts-Torschütze Helmut Rahn war. Viele SFK-Spieler arbeiteten damals auf der Zeche, viele Fans kamen von dort.

*

Wir freuen uns, an diesem Projekt mitgewirkt zu haben. Zollverein und das Ruhrgebiet – der Kohlenpott – liegen uns sehr am Herzen, und diese Liebe zum Kohlenstaub ist nicht weiter zu begründen, sie ist einfach da. Jeder Ehemalige wird nun zu Recht einwenden, dass wir nicht täglich den Kohlenstaub einatmen mussten. Inzwischen liegt der friedlich auf den Maschinen. Wir konnten zweifelsohne durch dieses Projekt großartige Personen kennenlernen, mit denen zusammenzuarbeiten für uns eine Bereicherung war.

Es gäbe für uns „Außenstehende“ noch so viel zu erzählen, von den Gesprächen und Treffen mit unseren alten Zollvereinern. Was uns aber als Wichtigstes in Erinnerung bleiben wird, sind die Offenheit und die Freude,

Fast 500 Arbeitsjahre Zollverein Schacht 12 haben sich getroffen: (von links): Erich Fischer, Alfred Gladt, Heinz Spahn, Aloys Gabriel, Ewald Waschkowski, Detlev Spahn, Artur Vierling, Fritz Schamel, Karlheinz Bunk, Herbert Eichfeld, Werner Moritz, Heinz Mühlenbruch und Eitel Mantowski. Es fehlt Karl Bäcker.

mit der sie im Laufe der Zusammenarbeit von ihrer Arbeit und ihrem Leben berichtet haben. Dafür möchten wir ihnen danken.

*

Danken möchten wir außerdem Ulrich Borsdorf, dem Leiter des Ruhr Museums, der dieses Projekt von Anfang an unterstützt und – wo er konnte – gefördert hat, sowie der Stiftung Zollverein, allen voran Thorsten Seifert. Außerdem gilt unser Dank Serena L'hoest für ihre wertvolle fachliche Beratung und Maria Hellwig für ihre Unterstützung. Danken wollen wir auch Ludger Claßen vom Essener Klartext Verlag, für den es als „Ruhrie“ keine Frage war, dieses Buch in das Programm seines Verlages aufzunehmen.

Doch lassen wir lieber die Zollvereiner selbst zu Wort kommen!

Essen-Katernberg, im November 2009
Claudia Hellwig und Frank Münschke dwb

Einleitung

Dieses Buch ist zustande gekommen, weil bei einer gemütlichen Runde festgestellt wurde, dass bei allem, was über Zollverein geschrieben worden ist, eines fehlte: der Mensch, also wir, die wir dort gearbeitet haben. Als ich das einmal kritisierte, sagte mein Sohn Thomas: „Dann ändere das doch, schreib' aus deinem Arbeitsleben." Ich musste bald feststellen, das alles war für mich allein ein paar Nummern zu groß.

Deshalb habe ich versucht, meine Kollegen aus der damaligen Zeit zu finden, zu treffen und für das Projekt zu begeistern. So haben wir uns zusammengefunden: Ehemalige Zollvereiner, die aus ihrem Arbeitsleben berichten wollten, um den Lesern zu vermitteln, dass gerade diese große Maschine Zollverein auch Menschen brauchte, um in Bewegung zu sein.

Es waren zwei Personen, die mich zu diesem Buch ermutigt haben: Veronika Maruhn und Dr. Frank Kerner.

Das alles zu schreiben, war für mich nicht einfach. Während meiner Schulzeit saß ich mehr im Bunker als auf der Schulbank, wir hatten Krieg. Frank Münschke meinte dazu, das kann man lernen, wenn man will. Er hatte recht. Aber ich hatte ja auch Claudia Hellwig, die mir bei all der Schreiberei sehr wichtig war. Zu Beginn haben mir auch meine Nichte Sylvia Vogt und ihr Mann Hubert sehr geholfen, auch meine Gartenfreunde Karin und Werner Gesell waren mir behilflich.

Meine ehemaligen Arbeitskollegen haben ihre Arbeitserinnerungen selbst niedergeschrieben oder Claudia Hellwig in Interviews erzählt, sie haben Fotografien aus ihren Alben gesucht und alte Kisten im Keller durchforstet, um dem Leser zu zeigen, wie es einmal war mit unserer Arbeit – oder wie wir hier im Ruhrgebiet dazu sagen – „mit unserer Maloche".

Eitel Mantowski, Schmied

Zollverein
3.VII.X.
1918.

RAG RUHRKOHLE AG

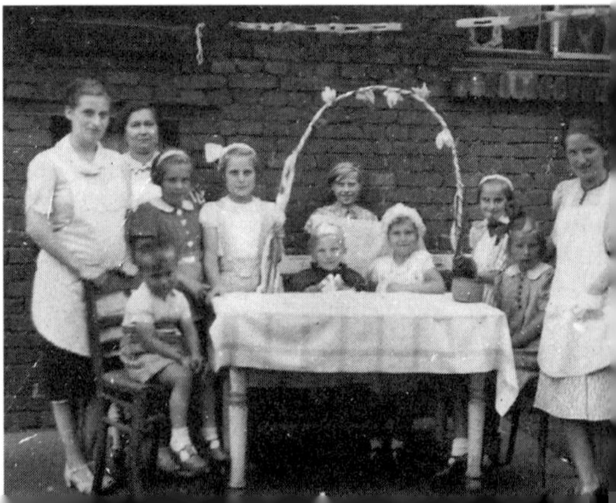

Präambel

Als im Jahre 1932 die Schachtanlage 12 auf der Zeche Zollverein eingeweiht wurde, galt sie als die schönste und modernste Schachtanlage der damaligen Zeit. 1961 wurde dann die Kokerei Zollverein in Betrieb genommen. Mit fortschreitender Zeit schwand die wirtschaftliche Bedeutung der Kohle. 1986 stellte die Zeche, 1993 die Kokerei ihren Betrieb ein.

Als man erkannte, welche Bedeutung die Zeche und die Kokerei Zollverein als Relikt der einstmals florierenden Kohleförderung und -veredelung hatten, wurden die Industriebrachen als Kulturdenkmal vorgestellt.

Es stellt sich dem alten Zollvereiner die Frage, was mit den vielen Menschen geschah, die dort lange Jahre gearbeitet, ihr Brot verdient und mit ihrer Arbeit dafür gesorgt haben, dass dieser große Betrieb lief. Es musste immer viel gearbeitet werden, sowohl produktiv als auch im Bereich der Instandhaltung und Instandsetzung, damit ein stets reibungsloser Ablauf gewährleistet war und die Kohle, die aus der Grube gefördert wurde, über Tage aufbereitet und vermarktet werden konnte.

Ich war als Handwerker dabei. 32 Jahre Zollverein bis zum Ruhestand haben mich geprägt. Es sind heute nur noch einige wenige, die aus der vergangenen Zeit berichten können. Viele Zeitzeugen weilen nicht mehr unter uns.

Hier haben sich einige Kollegen aus dieser Zeit zusammengefunden, Handwerker und Arbeiter, die zum Teil mehr als 40 Jahre Arbeit auf Zollverein hinter sich haben. Ihr Ziel war es, niederzuschreiben was damals Tagesgeschäft mit hohem persönlichen, körperlichen Einsatz war. Das Geschehene und Erlebte soll nicht in Vergessenheit geraten, denn viele Tätigkeiten und Abläufe sind heute nur noch in den Köpfen dieser Menschen vorhanden. Es wäre alles mit ins Grab genommen worden, was hier aufgeschrieben wurde. Wir hoffen, dass dieses Vorhaben gelungen ist.

Eitel Mantowski

Zollverein

Eitel Mantowski

Es war eine lange Entwicklung von den Kleinzechen im Ruhrtal bis hin zu einer großen Zeche wie Zollverein und bis zu einer Anlage wie Schacht 12. In den Anfängen des Ruhrbergbaus vor Jahrhunderten und noch bis vor etwa einhundert Jahren wurde die Kohle mit der Hand und mit Muskelkraft aus dem Stein gelöst. Es war eine Pionierleistung unter Einsatz des Lebens der vielen Bergleute unter Tage, die Kohle zu lösen, zu fördern und zu transportieren. Was zunächst mit Hand, Pferd und Wagen bewältigt wurde, übernahmen mit zunehmender Industrialisierung Eisenbahnen, Lastkraftwagen und Schiffe. Maschinen übernahmen immer mehr auch den Abbau und die Förderung von den Gewinnungsstätten aus großer Tiefe – der Bergmann sagt „Teufe“ – bis zum Absatz über Tage.

Die Zeche Zollverein war ursprünglich im Besitz der Familie Haniel aus Duisburg Ruhrort. Franz Haniel ist einer der großen Industriepioniere des

Der Hof Middeldorf, Anfang der 1930er Jahre

Bei der Namensgebung seiner Zeche hat Franz Haniel sich an den Deutschen Zollverein angelehnt, der 1834 gegründet wurde, und der der Wirtschaft seinerzeit Wachstum und Erfolg gebracht hatte. Haniel erhoffte selbiges für Zollverein. Die ersten Anlagen, Schacht 1 und 2 in der Bullmannaue, waren noch Fremdkörper in einer weitgehend agrarisch geprägten Region. Vor dem Beginn der Industrialisierung lebten etwa 1.200 Menschen auf dem späteren Grubenfeld Zollverein. Inzwischen sind es mehr als 50.000. Bis in die 1950er Jahre waren in den Stadtteilen noch einzelne Bauernhöfe und Felder anzutreffen, viele wurden von der Zeche aufgekauft. Namen wie Arendahls Wiese und Bullmannaue, Termeerhöfe und Schonnebeckhöfe erinnern bis heute daran. In der Zeit, die hier beschrieben wird, sind der Bergbau und die Fördergerüste schon fester Bestandteil des Alltags und des Selbstbildes der Menschen, die auf Zollverein arbeiteten, was sich vielfach in den Schilderungen niederschlägt.

Ruhrgebiets gewesen, er brauchte die Kohle für seine Hüttenwerke. Das Grubenfeld Zollverein ist etwa 13 Quadratkilometer groß und zieht sich über drei Stadtteile im Essener Nordosten, Stoppenberg, Katernberg und Schonnebeck, bis in die Nachbarstadt Gelsenkirchen hinein. Die Köln-Mindener Eisenbahnlinie, die durch das Grubenfeld führt, sorgte von Anfang an für eine gute Infrastruktur und ermöglichte den direkten Abtransport der Kohle. In unmittelbarer Nähe der Bahnlinie und etwa in der Mitte des Grubenfeldes wurde 1847 mit dem Abteufen des ersten Schachts begonnen. Ab 1851 schließlich förderte man aus einer Teufe von 124 Metern Steinkohle für den Verkauf.

Schon in der Gründungszeit entstand in direkter Nachbarschaft der zweite Schacht, und zwar, um das ständig nachfließende Grubenwasser abzupumpen. In der Folgezeit wurde die Kohle hauptsächlich auf Schacht 1 gefördert, während die Bergleute auf Schacht 2 einfuhren. Außerdem dienten die Schächte der Bewetterung und dem Transport von Arbeitsmaterial.

Im Laufe der Zeit wurde immer mehr Kohle gefördert und es kamen bald weitere Schächte hinzu. Die Arbeiten an Schacht 3 im Osten des Grubenfeldes begannen 1880, Schacht 4 im Norden wurde ab 1891 abgeteuft und an selber Stelle wenige Jahre später Schacht 5, der aber als Wetterschacht nur der Frischluftzufuhr diente. Schacht 6 entstand dann 1895 südlich der ersten Anlagen. Alle weiteren Schächte gruppierten sich um diese bereits vorhandenen, dadurch nutzte man bestehende Strukturen wie Bahnanschlüsse oder Gebäude, beispielsweise Waschkauen, einfach mit. So entstanden im Laufe der Zeit die Anlagen 1/2/8, 3/7/10 und 4/5/11 und 6/9.

War die Kohle nach über Tage gefördert worden, musste der Übertagebetrieb ihre Gebrauchsfertigkeit herstellen, sei es für Haushalte oder die Industrie. Das Gestein, das beim Abbau zwischen die Kohle gerät, wird über Tage heraussortiert, außerdem wird die Kohle in verschiedene Größen getrennt. Zumindest zeitweise gab es auf allen Schachtanlagen Zollvereins auch Hallen, die der Kohleaufbereitung dienten.

Sämtliche anfallenden Aufgaben, wie Kohleförderung, Seilfahrt, Bewetterung, Wasserhaltung und Transport von Arbeitsmaterial nach unter Tage, verteilten sich also auf diese Anlagen, bis der neue Zentralschacht 12 die komplette Kohleförderung und Kohleaufbereitung übernahm. Die älteren Schachtanlagen waren aber weiterhin für die anderen Aufgaben zuständig. Einzelne Schächte wurden jedoch schon früh stillgelegt und verfüllt, etwa Schacht 5 im nördlichen Grubenfeld im Jahr 1932, sodass die Anlage bei Nennungen oft als Schacht 4/11 bezeichnet wird. Die Zeche Zollverein wurde als letzte Zeche in Essen am 23. Dezember 1986 stillgelegt. Damit endete das Kapitel des aktiven Bergbaus in der Stadt.

Die Schachtanlagen

Schacht 1/2/8

Schacht 1/2/8 hatte vor der Errichtung von Schacht 12 alle Funktionen von der Förderung bis zur Aufbereitung erfüllt, besaß also alle dafür notwendigen Gebäude, wie Kaue und Kohlenwäsche. Eine Besonderheit der Gründungsanlage ist, dass sie für die Übertage-Arbeiter von Schacht 12 den

Das Fördergerüst von Schacht 1 (rechts) wurde 1956–1958 erbaut. Der Förderturm von Schacht 2 (links) entstand 1964–1966. Schacht 8 verfügte als reiner Wetterschacht lediglich über einen Haspel in einem relativ kleinen Gebäude.

Zugang zum Gelände darstellte. Der Schichtbeginn war auf Schacht 1/2/8, der Weg führte dann über eine lange Mannschaftsbrücke, die die Gleise des Zechenbahnhofs überbrückt. Auch die Waschkauen entstanden auf Schacht 12 nicht neu, sondern es wurden weiterhin diejenigen auf Schacht 1/2/8 mitgenutzt. Als in den 1950er und 1960er Jahren wesentliche Umbauten am Fördersystem von Schacht 12 anstanden, wurden Schacht 1 und 2 zwischenzeitlich dazu genutzt, Kohle zu fördern, die dann ebenfalls über die Brücke nach Schacht 12 in die Aufbereitung transportiert wurde.

Die Belegschaft der Schmiede von Schacht 3, 1924

Ausfahrt der letzten Schicht auf Zollverein 3/7/10 am 23.12.1986

Schacht 3/7/10

Schacht 3/7/10 hatte relativ große eigenständige Anlagen, vielen ist noch die Kohlenwäsche dort bekannt. Dort erreichte man 1977 mit der 15. Sohle bei 1.150 Metern die größte Teufe.

Schacht 4/11

Von der Anlage 4/11 nahe der Stadtgrenze zu Gelsenkirchen wurden größere Mengen Bergematerial nach unter Tage gebracht. Schacht 4 wurde 1967 verfüllt. Schacht 11, seit 1928 in Betrieb, blieb allerdings verhältnismäßig lang, bis 1991, als Wetterschacht erhalten.

Die Schachtanlage Zollverein 1/2/8 in den 1920er Jahren

Schacht 6/9

Schacht 6/9 ist die einzige Anlage, die inzwischen vollständig abgerissen wurde. Erst ab dem Ersten Weltkrieg gab es hier eigenständige Übertageanlagen zur Aufbereitung der Kohle, die aber schon ab 1929 ungenutzt blieben. Ab dem Zeitpunkt wurde die Kohle unter Tage zu Schacht 1/2/8 transportiert und ab 1932 zum Zentralschacht 12. Vielen ist noch die Schlagwetterexplosion im Jahr 1941 mit 29 tödlich Verunglückten im Gedächtnis, die hier stattfand.

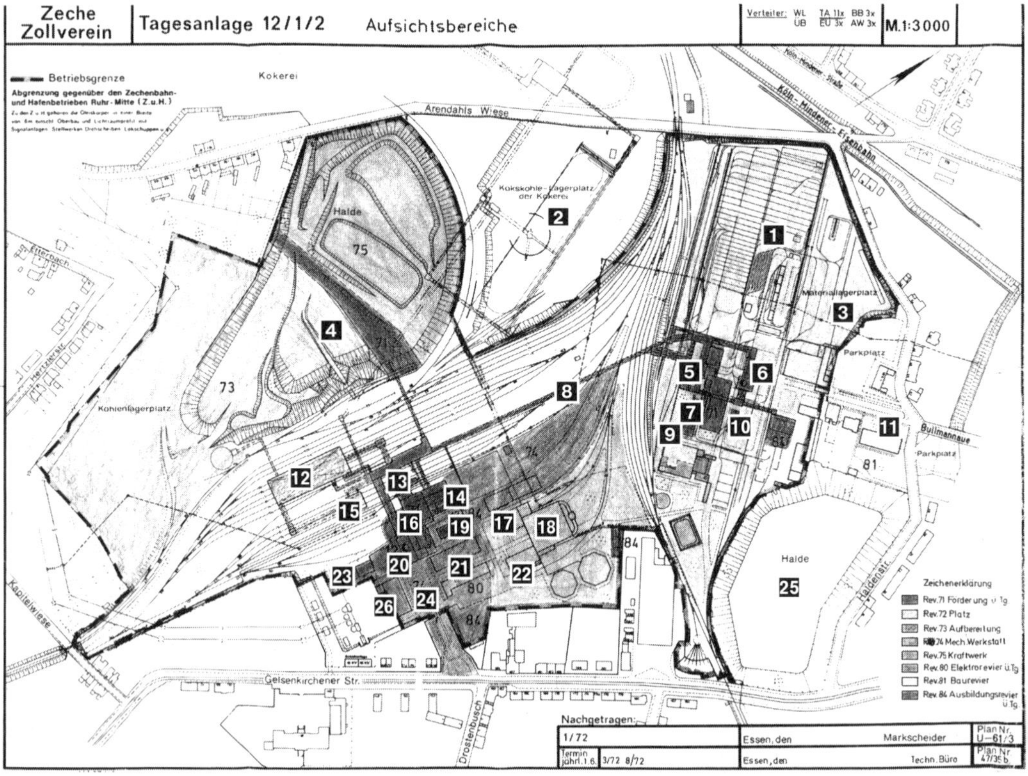

Die Tagesanlagen von Zollverein Schacht 12 (Stand: Sommer 1972)

1 Holzlager
2 Kokskohlenlagerplatz
3 Materiallager
4 Halde von Zollverein Schacht 12
5 Schacht 1
6 Schacht 2 mit Turmfördermaschine
7 Waschkaue
8 Verbindung Schacht 12 mit Schacht 1/2/8 mittels Kettenbahn
9 Fördermaschine von Schacht 1
10 Schacht 8
11 Verwaltung
12 Kohlenwäsche
13 Wagenumlauf
14 Lesebandhalle
15 Kokskohlenbunker
16 Wipperhalle/Sieberei
17 Hochdruckkompressor
18 Kesselhaus
19 Fördermaschine Nord
20 Schacht 12
21 Zentralwerkstätten
22 Niederdruckkompressoren
23 Fördermaschine Süd
24 Ehrenhof
25 Halde von Schacht 1/2/8
26 Schalterhalle

Zollverein Schacht 12

Aloys Gabriel

Die Zeche Zollverein hatte zunächst vier selbstständige Förderanlagen. Man fasste dann den Beschluss, die Kohle nur noch an einem Standort zu fördern und baute Schacht 12 als Zentralschacht mit einer Teufe von zunächst 610 Metern. Pro Tag wurden hier rund 12.000 Tonnen verwertbarer Kohle gefördert, eine damals unvorstellbare Leistung. Ein Kesselhaus, in dem Dampf – auch zur Umwandlung in Druckluft – erzeugt wurde, ist 1930 in Betrieb genommen worden. Außerdem wurde die Werkstatt gebaut für die Reparatur und Neuanfertigung von Maschinenteilen, das Schalthaus und die Elektro-Werkstatt für den Strom, der Förderbetrieb für das Heben der Kohle und die Kohlenwäsche zur Aufbereitung. Schacht 12 wurde am 1. Februar 1932 in Betrieb genommen.

Auf Schacht 12 findet man ein Doppelbock-Schachtgerüst mit einer südlichen und einer nördlichen Förderung. Die insgesamt vier Förderkörbe wurden mit je zwölf Förderwagen beladen und nach über Tage zur Hängebank gefördert. Auf der Hängebank wurden die vollen Kohlewagen vom Förderkorb abgeschoben, indem man leere Wagen aufschob. Die vollen Förderwagen wurden mit Kettenbahnen zur Wipperhalle transportiert und in so genannten Hasenclevern ausgekippt, entleert. Die leeren Kohlewagen wurden nun mit Kettenbahnen zurück zum Schacht transportiert und wieder in den Förderkorb geschoben und nach unter Tage gebracht.

In den 1930er Jahren lag die Tagesfördermenge durchschnittlich bei rund 2.000 Tonnen reiner Kohle. Die auf Schacht 12 erreichte Fördermenge von 12.000 Tonnen reiner Kohle wurde auf anderen Anlagen erst zur Mitte des 20. Jahrhunderts üblich. Die verwendete Technik sowohl in der Förderung als auch in der Aufbereitung war zur Bauzeit der Anlage von 1928 bis 1932 so neu, dass es zunächst vereinzelt zu Pannen kam, dass etwa Förderwagen beim Aufschieben in den Förderkorb zu weit durchgedrückt wurden und in den Schacht fielen. Bis auf einige technische Änderungen konnte die Anlage bis in die 1980er Jahre in der ursprünglichen Form weiter betrieben werden, da die Aufbereitungstechnik grundlegend gleich blieb. Die von den Werkbund-Architekten Fritz Schupp und Martin Kremmer entworfenen Gebäude waren in ihrer Schlichtheit architektonisch und ästhetisch in hohem Maße durchdacht und die aus einer 11,5 Zentimeter starken Ziegelschicht bestehenden Außenwände verhältnismäßig schnell erbaut. Die dünnwandige Bauweise brachte es allerdings mit sich, dass die Arbeiter den wechselnden Außentemperaturen ausgesetzt waren. Im Winter war es daher vor allem auf den oberen Bühnen sehr kalt, im Sommer wärmten sich einige Bereiche durch die dunklen Außenwände noch über die Außentemperatur hinaus auf. Für eine Dämmung der Wände war nicht gesorgt worden, die Baukonstruktion war von vornherein nicht auf eine lange Betriebszeit ausgelegt. Man plante aufgrund der für das Grubenfeld errechneten Kohlevorräte fünfzig bis sechzig Jahre Betriebszeit ein.

Das Luftbild aus der Mitte der 1990er Jahre zeigt einen großen Teil der Übertageanlagen der Zeche Zollverein. Vorne links ist Schacht 12 mit den Übertagegebäuden zu sehen, vorne rechts Schacht 1/2.

Dahinter, verbunden durch Zechenbahn und Transportbänder, die Kokerei mit ihren sechs Schornsteinen. Vorne in der Mitte, neben den Schienen, ist das Dach des ehemaligen EVAG-Straßenbahndepots zu sehen. An dieser Stelle steht heute der Sanaa-Design-Kubus.

Blick in die Lesebandhalle in der Sieberei. Typisch für die offiziellen Zollverein-Bilder: Gerade hier, wo die zeitweilig die meisten Menschen im Bereich der Sieberei beschäftigt waren, wird nur der leere Arbeitsplatz abgebildet.

Die größeren Kohlenstücke kamen auf Lesebänder. An den Lesebändern waren alte Bergleute und Berglehrlinge beschäftigt, die die Steine – die so genannten Berge – zwischen der Kohle vom Leseband nahmen. Die Kohle wurde danach in Waggons verladen.

Die kleineren Kohlenstücke fielen auf Gurtbänder und wurden zur Kohlenwäsche transportiert und dort aufbereitet.

1959 wurde erst die südliche und 1967 dann die nördliche Förderung von Förderkörben auf Fördergefäße umgestellt. Von den Fördergefäßen fiel die Kohle nun in eine Rutsche, dann auf Förderbänder und wurde direkt zur Wäsche transportiert. Die Arbeit an den Lesebändern fiel dadurch weg.

Im Förderbetrieb waren viele Beschäftigte. Sie mussten dafür sorgen, dass gefördert wurde. Da die Kohlen aus der Grube sofort weitergeleitet werden mussten, waren Störungen direkt zu beheben. Manchmal musste auch länger, sogar sechzehn Stunden, gearbeitet werden. Am Wochenende, bei Stillstand der Förderung, wurden die großen Reparaturen ausgeführt.

Am 23. Dezember 1986 schließlich war dann auf Schacht 12 die letzte Schicht gekommen.

Die Förderung

Vom Schlosser zum Fördermaschinisten *Erich Fischer*

Geboren wurde ich am 8. Februar 1922 in Katernberg. Als ich 1936 aus der Schule entlassen wurde, gab es kaum Arbeit. So ging ich mit einigen anderen nach Krupp als Laufjunge. Erst danach konnte ich die Lehre als Schlosser beginnen. Nach dem Krieg und der Gefangenschaft kam ich 1945 schließlich wieder zurück nach Essen. Im Oktober des gleichen Jahres fing ich auf Zollverein an und kam als Schlosser in den Lokschuppen. 1949 wurde ich verlegt zur Fördermaschine und eingesetzt im Umfeld von Schacht 1 und 2. Dort lernte ich die Fördermaschinen etwas genauer kennen und begann mit dem Fahren der Maschinen unter Aufsicht. 1950 machte ich die Prüfung in Bochum bei der Seilprüfstelle. Von da an war ich Reserve-Fördermaschinist. Als mein Vater 1953 in den Ruhestand ging, habe ich seinen Platz eingenommen und wurde Angestellter.

Ich fuhr mal an Schacht 1, dann wieder an Schacht 2. In regelmäßigen Abständen habe ich auch an Schacht 8 fahren müssen.

Die Förderung war für den Transport der Kohle nach über Tage verantwortlich, außerdem für die Versorgung der Bereiche unter Tage mit Frischluft und Arbeitsmaterial und für den Transport der Bergleute. Die Fördergerüste und Fördertürme waren das sichtbarste Zeichen des Bergbaus.
Das Fördergerüst von Schacht 12 mit einer Höhe von 54,4 Metern gilt als das Wahrzeichen der Zeche. Schacht 12 war von vornherein mit elektrischen Fördermaschinen mit jeweils 2.160 kW ausgestattet worden, die mit bis zu 17 Metern pro Sekunde fahrbar waren. Bei dieser Geschwindigkeit sollte ganztägig die Kohleförderung laufen. Daher fand die Seilfahrt der Bergleute nur auf den bereits vorhandenen älteren Schächten statt, und zwar bei einer für Menschen erträglicheren Geschwindigkeit von 8 bis 12 m/s. Die Schächte 1 und 2 standen in noch direkterem Zusammenhang mit den Abläufen auf Schacht 12. Bei Engpässen wurde hier auch Kohle mitgefördert, die dann in Förderwagen über eine lange Brücke zum Zentralschacht gebracht und dort aufbereitet wurde. Auf Schacht 1 lief bis 1922 eine Dampfmaschine, die 1957 durch eine Elektrofördermaschine mit 2.860 kW ersetzt wurde. Auf Schacht 2 wurde diese Entwicklung 1965 vollzogen: In dem neu erbauten Förderturm wurde eine elektrische Fördermaschine mit 2.000 kW Leistung eingesetzt. Schließlich wurde auf Schacht 12 die Förderung auf Gefäßförderung umgestellt. 1959 erfolgte deshalb der Umbau der Fördermaschine Süd, hier wurde nun eine Maschine mit einer Leistung von 4.000 kW eingesetzt. 1967 erfolgte dann die Umstellung auf Gefäßförderung auch in der nördlichen Förderung. Die Umstellungen auf Schacht 12 wurden durch eine Einbeziehung der Schachtanlage 1/2/8 in die Kohleförderung erst möglich.

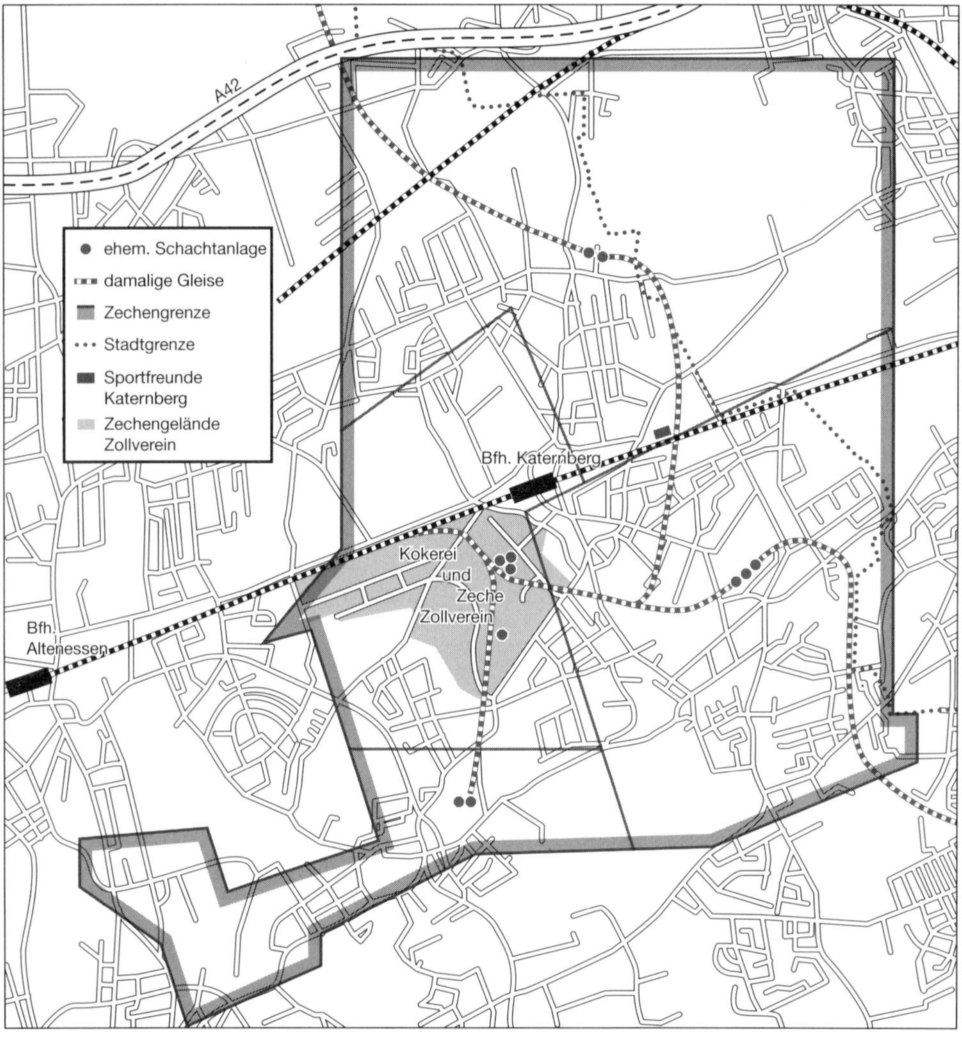

Die kleine graue Fläche in der Mitte bezeichnet das ehemalige Werksgelände der Schachtanlagen 12 und 1/2/8 sowie der Zentralkokerei Zollverein. Die rote Umrandung begrenzt den dazugehörigen Untertagebereich, das Grubenfeld Zollverein mit den vier einzelnen Baufeldern.

Die ehemaligen Fördermaschinisten Alfred Gladt und Erich Fischer (rechts) in der Schutzkabine der Fördermaschinenhalle auf Schacht 1

Im Förderbetrieb

Alfred Gladt

Nach meinem Schulabschluss habe ich dreieinhalb Jahre als Klempner und Installateur gearbeitet, bis zum Ende der Lehre 1958. Dann wechselte ich zur Zeche Zollverein, Schacht 1/2. Zunächst habe ich dort als Heizer auf einer fünfachsigen Dampflok angefangen. Nach einem Monat wurde ich dann als Handwerker in den Lokschuppen übernommen. Dort wurden die Loks von uns gewartet und repariert. Aber auch andere Schlosserarbeiten wurden ausgeführt. Zum Beispiel kontrollierten wir die Schächte 1/2/8, und wenn etwas kaputt war, reparierten wir es. Größere Arbeiten wurden an den Wochenenden ausgeführt. Die Förderung unter der Woche durfte möglichst nicht unterbrochen werden. 1962, vier Jahre später, wurde ich angesprochen, ob ich nicht Fördermaschinist werden wollte. Die Stelle habe ich angenommen. Zuerst wurde vom Werksarzt eine Untersuchung vorgenommen. Nachdem die Befunde der Untersuchung gut ausgefallen waren, mussten wir für mehrere Eignungstests nach Bochum, zur Seilprüfstelle. Nachdem wir diese Tests bestanden hatten, begann die praktische Arbeit. Wir mussten die Arbeiten, die an den Schächten anfielen, nach und nach kennenlernen. Wie die Seilfahrt abläuft, das Fördern mit Förderwagen als Last und vieles mehr. Die Arbeiten im Schacht mit den Schachthauern und das Fördern unter Tage mussten ebenfalls erlernt werden.

Der Fördermaschinist Alfred Gladt an seinem Arbeitsplatz

Danach erst lernten wir die Fördermaschinen selbst kennen. Zuerst arbeitete ich an der Dampffördermaschine von Schacht 2. Der Schacht wurde bis zur 14. Sohle mit 1.000 m Teufe ausgebaut. Man baute die Treibscheibe so, dass ein Flachseil aufgelegt werden konnte. Das hat den Vorteil gegenüber dem Rundseil, dass sich das Flachseil nicht um sich selbst drehen kann. Nach einem Vierteljahr lernte ich auf Schacht 1, an einer elektrischen Fördermaschine zu arbeiten. Drei Monate später durfte ich die Maschine endlich eigenständig fahren. Zwischenzeitlich habe ich auch auf Schacht 4/11 die Fördermaschinen bedient. Die nächste Station war Schacht 12. Dort befanden sich zwei Fördermaschinen, die südliche und die nördliche. Diese beiden elektrisch betriebenen Maschinen sind später auf Skipgefäß-Förderung umgebaut worden. Auch dort musste ich zunächst den Ablauf und die Handhabung erlernen, bevor ich sie allein fahren durfte.

Da wir ja noch Reservemaschinisten waren, wurden wir immer auch für Schlosserarbeiten eingesetzt, wenn wir nicht an der Fördermaschine gebraucht wurden. Ab 1978, mit meiner Übernahme ins Angestelltenverhältnis, habe ich die Fördermaschinen von Schacht 1/2 und Schacht 12 nördlich wie südlich gefahren. Die Förderung von Arbeitsmaterial und Seil-

Fördermaschinist Alfred Gladt (rechts) mit einem Schlosserkollegen, nachdem sowohl Schacht 12 als auch Schacht 2 von der Wasserhaltung Karolinenglück übernommen worden waren.

fahrten waren ausschließlich auf Schacht 1/2. Auf Schacht 12 Nord und Süd waren wir für die Kohleförderung zuständig.

Es gibt auch heute noch Bergbauarbeiten auf Zollverein, und zwar zum nach wie vor notwendigen Abpumpen von Grubenwasser. Nach Ende der Förderung 1986 wurden die Maschinen auf den Schächten 2 sowie 12 nördlich von der Wasserhaltung Karolinenglück übernommen. Bis zu meinem Vorruhestand 1991 habe ich diese beiden Maschinen noch gefahren. Die Maschinen wurden umgebaut, außerdem wurde die Geschwindigkeit der Maschinen auf zwei Meter pro Sekunde herabgesetzt. Auf Schacht 12 werden jetzt nur noch zwei Fördergestelle gebraucht, und zwar die beiden äußeren, die nun beide von der Fördermaschine Nord angetrieben wurden. Deshalb musste nun das Seil über die beiden oberen Seilscheiben zu den unteren geführt werden, die es dann in Richtung Gestell lenkten. In der Mitte des Schachtes wurde eine Bühne eingebaut, die von einer Seilwinde, einer Haspel, gefahren wurde. Dort wurden größere Maschinen und Ersatzteile nach unten zur 14. Sohle transportiert, zum Beispiel die großen Pumpen für die Wasserhaltung. Die Fahrgeschwindigkeit dieser Winde lag bei 0,5 m/s.

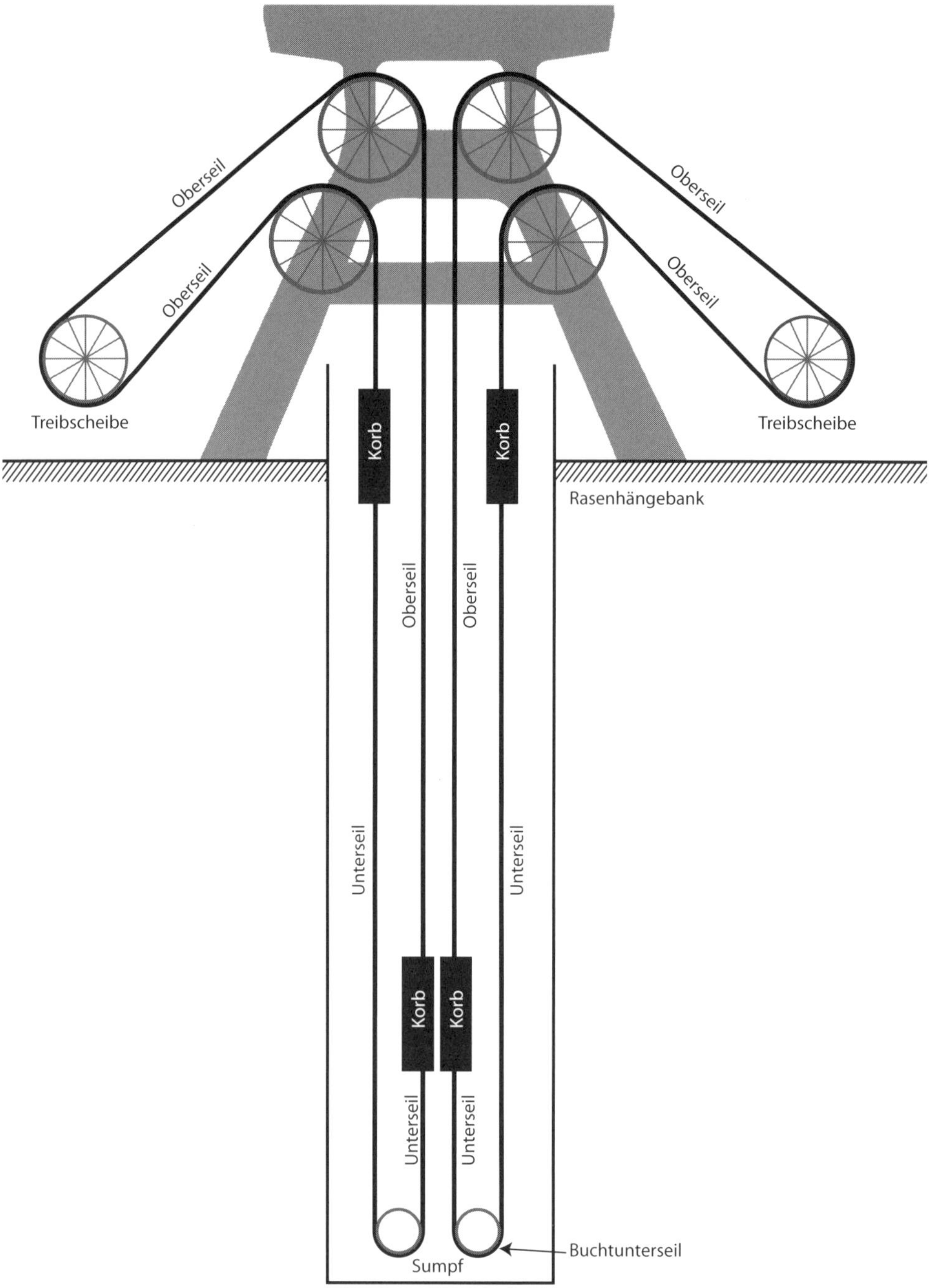

oben: Die Seilführung auf Schacht 12
Das Unterseil verbindet die Körbe unterhalb ihrer Böden und bildet so ein Gegengewicht.

rechts:
Die Seillängen von Schacht 12 (nördliche Förderung), 1967

Zollverein	Seillängen Schacht 12 nördl.	Gezeichnet 15.8.67 Langner	Zeichnung Nr. F 8252

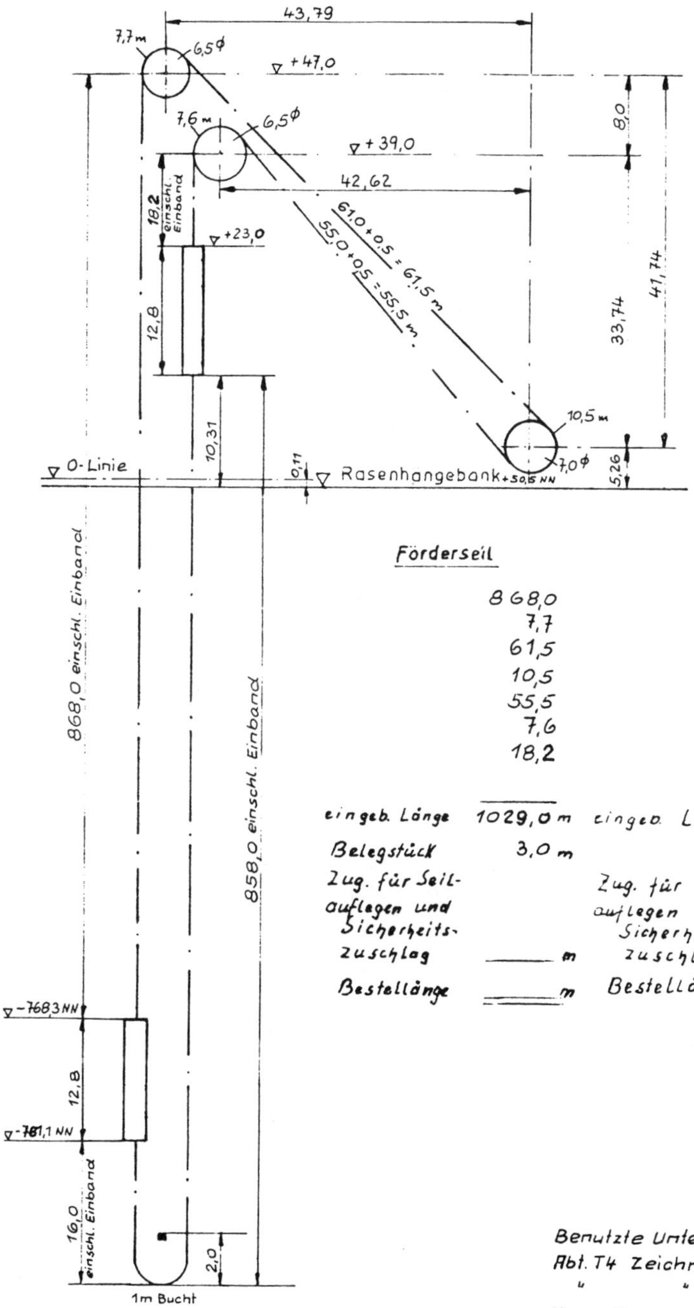

Förderseil		Unterseil	
	868,0		
	7,7		
	61,5		
	10,5		
	55,5		858,0
	7,6		1,0
	18,2		16,0
eingeb. Länge	1029,0 m	eingeb. Länge	875,0 m
Belegstück	3,0 m		
Zug. für Seilauflegen und Sicherheitszuschlag	____ m	Zug. für Seilauflegen und Sicherheitszuschlag	____ m
Bestellänge	____ m	Bestellänge	____ m

Benutzte Unterlagen

Abt. T4 Zeichnung Nr. 6581

" " Nr. 6582

Heuer-Hammer " Nr. 451355c(2)

" " " Nr. 150183

Nachdem die Pumpen aufgebaut waren, wurden die Abwasserleitungen zum Schacht 2 verlegt. Dort wurden diese Rohre mit einem Durchmesser von 300 mm durch Schacht 2 nach oben zur Kanalisation verlegt. Da nach wie vor die Pumpen für die Wasserhaltung unter Tage laufen und gewartet werden müssen, ist auch eine Bewetterung notwendig. Der hierfür benötigte Lüfter wurde neben Schacht 2 eingebaut. Dieser zieht die verbrauchte Luft von unter Tage nach oben – Schacht 12 ist der so genannte einziehende und Schacht 2 der ausziehende Schacht.

Fritz Schamel

Ich war 27 Jahre unter Tage als Bergmann beschäftigt und wurde im Juli 1974 Anschläger über Tage. Die Anschläger waren diejenigen, die für die Be- und Entladung der Förderkörbe zuständig waren, und wenn das geschehen war, Signal gaben für den Fördermaschinisten, damit dieser den Förderkorb in Bewegung setzte.

Prüfung in der Seilprüfstelle

Alfred Gladt und Erich Fischer im Gespräch

Alfred Gladt: Man wurde erst getestet, ob man dazu bereit ist oder überhaupt in der Lage, das zu machen.

Erich Fischer: Wir mussten in Bochum zur Seilprüfstelle, da wurden wir theoretisch geprüft über verschiedene Sachen und praktisch. Da kriegten wir so eine kleine Maschine, die mussten wir auseinandernehmen. Und dann, zwei Stunden später, da ging es weiter: „Ja“, sagt der Prüfer, „dann wollen wir mal gucken, ob wir die Maschine wieder zusammenkriegen.“ Es sollten ja nur Handwerker an die Fördermaschine früher. Nur Metallhandwerker. Weil wir bei den Reparaturen mitmachen mussten, als Handwerker. Und dadurch eben dies Technische.

Alfred Gladt: Beziehungsweise, wenn mal etwas ist, dass wir etwas dazu sagen können.

Erich Fischer: Das war wie so eine Art Dampfmaschine, eine Fördermaschine, mit einem ähnlichen System, und das war dann in 50 Teile zerlegt, wie ein Baukasten. Und das mussten wir dann wieder zusammenbauen! Danach kam die Abnahme an der Fördermaschine. Da kamen die von der Seilprüfstelle, Abnahme, und dann sofort in die Förderung rein. Direkt volle Förderung, weil wir ja schon soweit vorgebildet waren.

Anschläger auf Schacht 1

Fritz Schamel

Fritz Schamel (rechts) zeigt seinem Nachbarn Werner Moritz, der selbst auch viele Jahre auf Zollverein gearbeitet hatte, seinen früheren Arbeitsplatz: die Hängebank auf Schacht 1. Direkt hinter dem Gitter führt der Schacht 1.000 Meter nach unter Tage. Darüber sind in der Abbildung zwei Doppel-T-Träger gelegt, die gebraucht wurden, um die Körbe festzusetzen, wenn ein neues Seil aufgelegt werden musste.

Wenn der Satz des Korbes söhlig war, bestand die Arbeit des Anschlägers darin, die leeren Wagen auf den Korb zu schieben und dadurch die vollen Wagen auf der anderen Seite herunter zu bugsieren. War das geschehen, schlug er an und der Fördermaschinist konnte mit der nächsten Fahrt beginnen. Zum Anschlagen gab es bestimmte Schlagfolgen, an denen der Maschinist erkennen konnte, ob Bergleute im Korb mitfuhren oder ob es eine Material- oder Förderfahrt war. Dementsprechend musste die Geschwindigkeit der Fahrt angepasst werden.

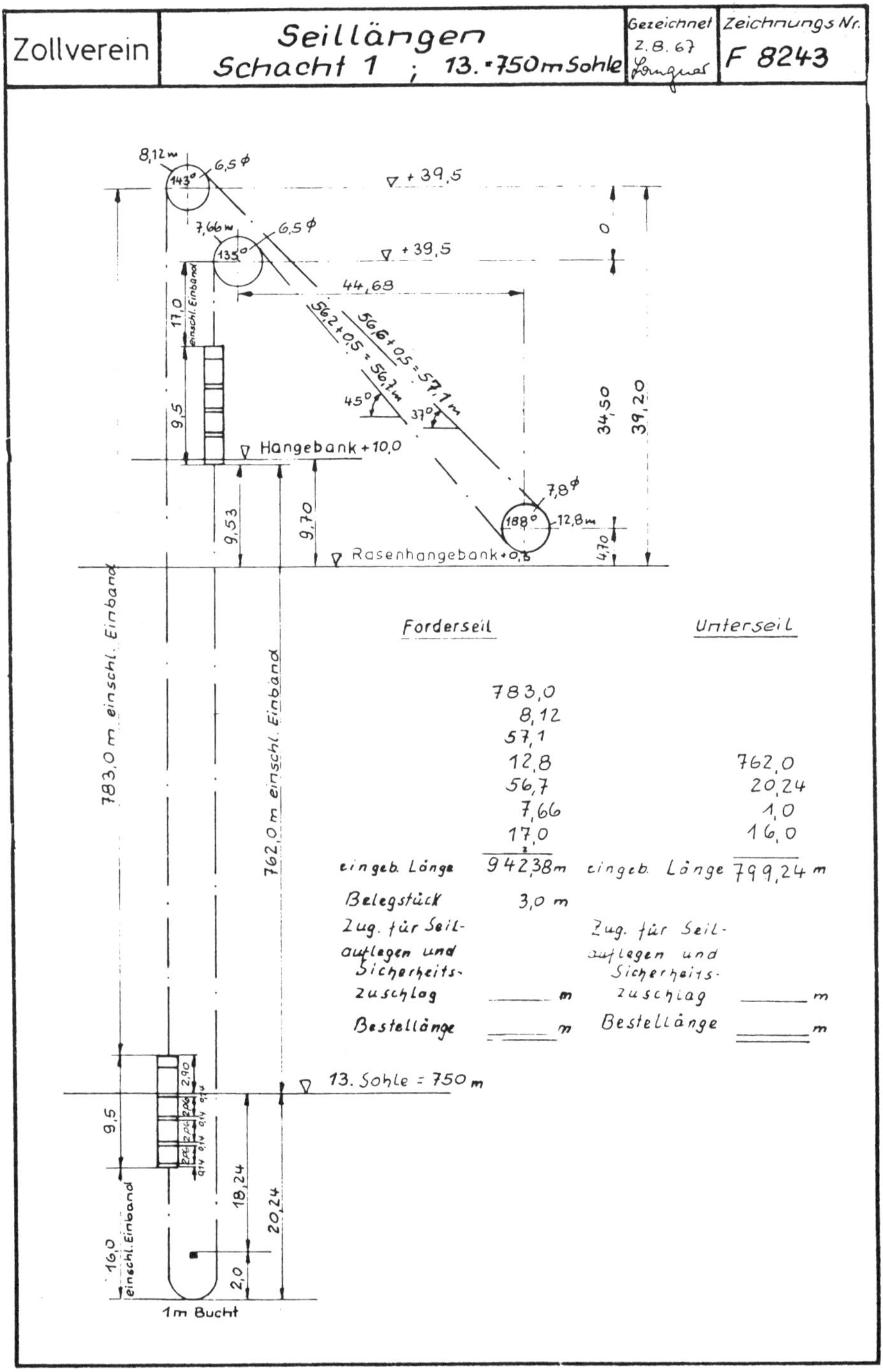

Während meistens im Ruhrgebiet Fördergerüste (wie an Schacht 1 – Seillängen-Plan links) anzutreffen sind, ist bei Schacht 2 (Seillängen-Plan rechts) das Prinzip eines Förderturms und einer Turmfördermaschine verwendet worden. Dabei steht die Förder-

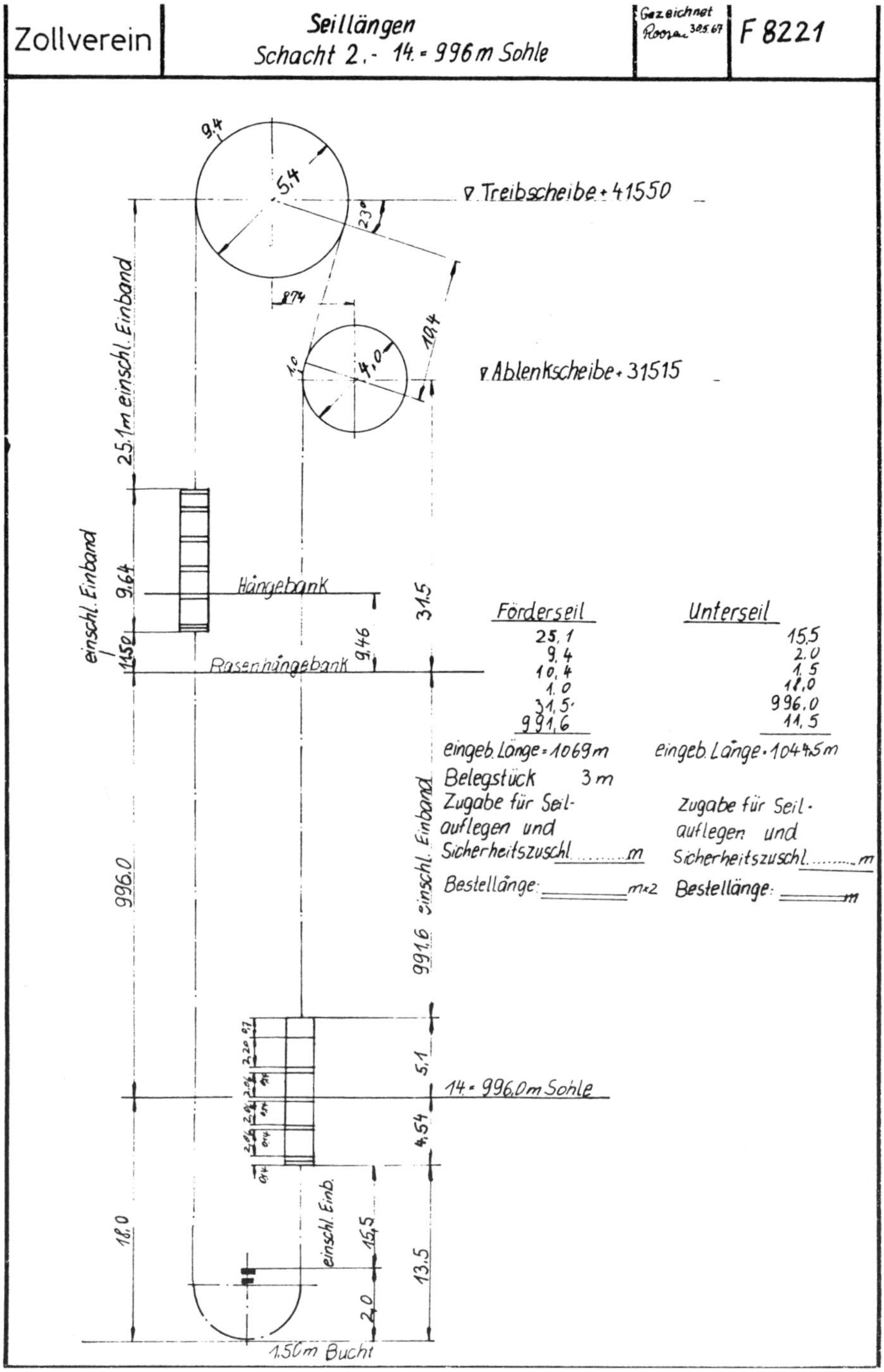

maschine mit Treibscheibe, Ablenkscheibe und Antrieb genau oberhalb des Schachts in einem geschlossenen Gebäude und ist nicht getrennt neben einem separaten Gerüst mit Seilscheiben untergebracht.

Die Dampfmaschinen auf Schacht 1/2 *Erich Fischer*

Die Maschinen an Schacht 1 und 2 wurden in meiner Anfangszeit mit Dampf betrieben. Die Maschine 1 war die ältere. Beim Dampfgeben wurde ein Ventil geöffnet, das geschah durch ein großes Rad. Hier hatten wir noch eine große Trommel, auf der sich das Förderseil auf- und abwickelte. 1957 wurde der Schacht tiefergeteuft bis zur 12. Sohle. Danach wurde die Maschine umgebaut, und es kam eine elektrische rein. Von da an war die Bedienung leichter und sicherer. Bei überhängender Last, das heißt, der nach unten fahrende Korb war schwerer als der nach oben fahrende, musste vorsichtig angefahren werden. Auch schnelles Bremsen war nicht gut, dann gab es Seilrutsch.

An Schacht 2 war die Bedienung etwas leichter, da waren schon Steuerhebel vorhanden. Das Förderseil lief über eine so genannte Koepescheibe. Damit das Seil besser griff, hatte man in die Treibscheibe Holzklötze eingesetzt und diese mit Leder ausgefüttert. Einige Jahre später wurde auch Schacht 2 tiefergeteuft. Danach wurden das Maschinenhaus und die Fördermaschine abgerissen. Ein Turm wurde nun über Schacht 2 gebaut, und oben rein kam eine elektrische Maschine. Das war 1965.

Fahren an den Dampfmaschinen

Erich Fischer, Alfred Gladt und Eitel Mantowski im Gespräch

Erich Fischer: Früher bei den Dampfmaschinen musste man ganz genau von Hand Dampf geben, um die Geschwindigkeit zu halten. Das war damals das schwierige. Wir mussten alles mit Gefühl machen. Das war noch keine Halbautomatik. Nachher die elektrische, das war Halbautomatik.

Oder, an Schacht 1, dieses große Rad für das Ventil. Das war interessant, wenn ich am Rad gedreht hatte, hörte man den Dampf so richtig da durchzischen. Ich habe meinen Sohn mal mit gehabt, als er so klein war, der ist da weggelaufen! Und dann die Trommel, die knarrte ja! Wir hatten eine Trommelförderung gehabt.

Alfred Gladt: Ja, das war Holz.

Erich Fischer: Eine Holztrommel. Und Waschberge waren schwer zu fahren bei der Dampfmaschine. Die runtergehende Last war schwerer als die raufgehende Last. Und wenn du da nicht aufgepasst hast beim Abfahren – da hast du Blut geschwitzt! Das zog! Und du musstest langsam gegensteuern! Wenn man zu schnell war, dann … zehn Meter Seilrutsch! Dann passten die Förderkörbe nicht mehr unter Tage, zur Sohle!

Alfred Gladt: Dann hast du noch keinen Einhängeschieber da hängen gehabt.

Erich Fischer: Nein, sag ich doch. Ich meinte ja bei Schacht 1, die alte.

Alfred Gladt: Die ersten Dampfmaschinen hatten keine Einhängeschieber! Wenn du da zu starke einhängende Last hattest, dann musstest du immer ein bisschen mit der Bremse gehen. Sonst wurde die Kiste zu schnell! Man musste die Dampfmaschine mit Gefühl fahren. Wenn du gemerkt hast, halt, stopp, da ist zu starke einhängende Last, bist du dementsprechend langsamer gefahren.

Beim Einhängeschieber, das ist so einer, der mit dem Dampf gespielt hat. Da konntest du die Maschine umstellen, auf Gegensteuerung, dann kam der ganze Dampf dagegen. Durch den Einhängeschieber konntest du den Dampf wieder wegnehmen, also rauslassen. Dann hastest du praktisch Leerlauf da drin. Oder Gegenleistung. Da konntest du schon mal, wenn du zu schnell wurdest, Dampf geben, durch den Einhängeschieber hast du ja Gegensteuerung gehabt.

Erich Fischer: Und dann mit Gefühl.

Alfred Gladt: Und dann mit Gefühl, sonst hat der ganze Apparat da gerappelt!

Erich Fischer: Also, Waschberge waren ja schwerer als leere Wagen. Der Stoßkorb, der nach über Tage ging, wurde dann mit leeren bestückt, und der volle, der runterging, mit Waschbergen. Und dann – gefühlsmäßig mussten wir dann anfahren. Und meistens musste man schon mit der Dampfmaschine gegensteuern.

Das waren allerdings nicht alles Fördermaschinisten. Das waren auch Bremser. Heinz L. war Bremser. Die fuhren auch Material. Gefühlsmäßig! Der fuhr mit der Bremse. Auf Schacht 1.

Eitel Mantowski: Wie habt ihr das denn gemerkt, dass das ...

Alfred Gladt: Der Korb zog weg!

Erich Fischer: Du hast die Bremse nicht los gehabt, da zog das Seil schon weg.

Eitel Mantowski: Das heißt, das Seil rutscht wirklich auf der Treibscheibe.

Erich Fischer: Das ist gerutscht. Sobald du die Bremse losmachst. Automatisch läuft das runter, weil ja eine Hängelast schwerer ist.

Alfred Gladt: Die Treibscheibe, die drehte sich dann.

Erich Fischer: Das merkt man beim Umsetzen. Beim Umsetzen der Etagen. Da merkt man schon: Das zieht von alleine weg...

Alfred Gladt: ... da muss ich vorsichtig sein. Die Maschine wird ja schneller, läuft ja immer schneller, also muss ich sie abbremsen. Wenn ich

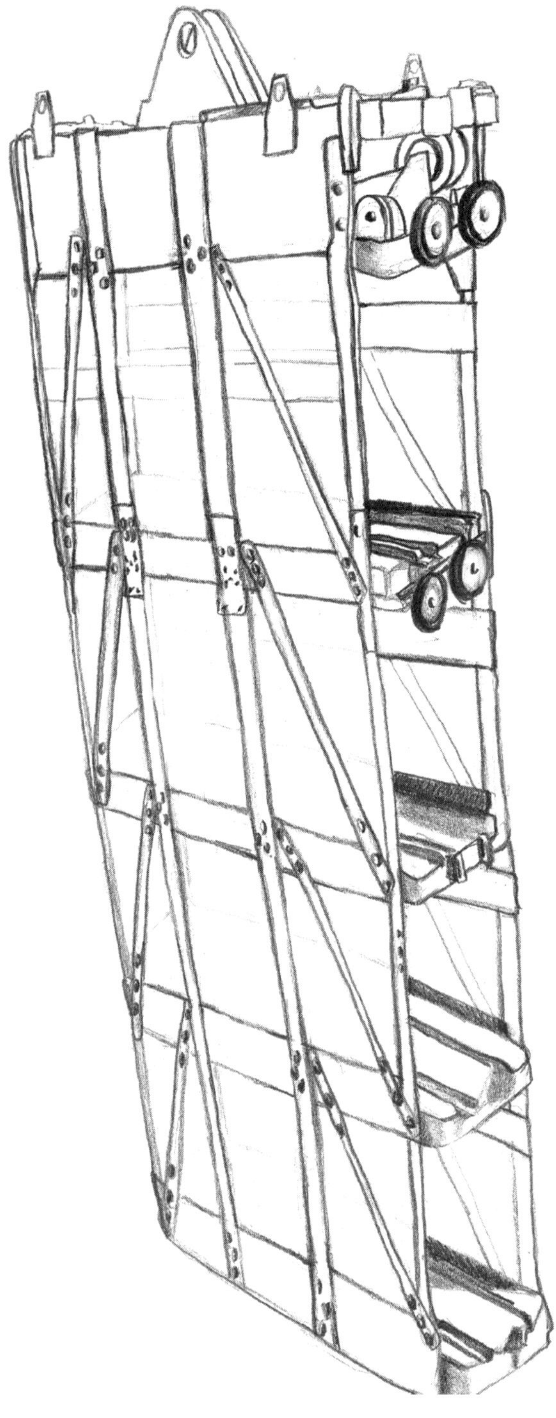

Ein Förderkorb hatte vier Sätze, die üblicherweise zwei Wagen aufnehmen konnten. Auf Schacht 12 waren es dagegen drei Förderwagen pro Satz. Bei Seilfahrten war festgelegt, wie viele Personen ein Satz aufnehmen durfte. Normalerweise waren das zwischen 15 und 20 Personen – je nach der Beschaffenheit des Korbes.
Auf dem Deckel des Korbes standen bei Kontrollen die Schachthauer. Dort war auch das Zwischenstück zwischen Förderkorb und Förderseil befestigt: Das Fördergeschirr.
Unter dem Förderkorb befand sich ein ähnliches Geschirr, an dem das Unterseil befestigt war. (Zeichnung: Sanje Miadana)

die Maschine laufen lasse, dann ist's aus, da komm ich gar nicht mehr zum Bremsen!

Erich Fischer: Wir haben mit dem untersten Satz angefangen. Du brauchtest beim zweiten Satz nur noch ein bisschen Dampf zu geben, und beim dritten lief sie schon von alleine weg.

Eitel Mantowski: Und wenn ihr das gemerkt habt, dass der Korb zog, dann habt ihr gegengesteuert.

Erich Fischer: Dann mussten wir von Hand aus gegensteuern, von vornherein. Denn stell dir vor, du wärst du losgebraust und hättest 20 Meter pro Sekunde draufgekriegt, dann wär' die Fallbremse gefallen, Seilrutsch, 30 Meter – dann hättest du die Koffer packen können, dann warst du weg.

Blick auf die Treibscheibe und die mächtige Bremse. Zwischen Treibscheibe und Fördermotor steht der Teufenzeiger mit seinen Markierungen.

Treibscheibenfutterklötze

Eitel Mantowski, Alfred Gladt und Erich Fischer im Gespräch

Eitel Mantowski: Da wird wahrscheinlich das Futter auch in Mitleidenschaft gezogen?

Alfred Gladt: Wenn ein Seil rutscht, ist das ja logisch. Aber zuletzt hatten sie besseres Material für diese Treibscheibenfutterklötze.

Eitel Mantowski: Die Treibscheibenfutterklötze wechseln, das habe ich ja auch einige Male auf Schacht 12 mitgemacht. Das war eine Scheiß Maloche. Für uns Handwerker.

Erich Fischer: Ja, die mussten von Zeit zu Zeit raus, weil das Leder im Laufe der Zeit abgerieben war. Das war eine Arbeit gewesen, die Klötze rausholen und auswechseln!

Eitel Mantowski: Ich war dann immer einer von denjenigen, die in die Trommel mit rein mussten. Von außen, von der Außenseite standen die Schreiner, und wir haben von innen die Muttern losgemacht, dann wurden die Bolzen hochgeschoben, dann konnten sie von außen die ausgelaufenen Klötze rausnehmen, und die neuen Klötze wurden angepasst. Löcher wur-

Die Treibscheibe der Fördermaschine auf Schacht 1 ist noch mit den Treibscheibenfutterklötzen ausgestattet. Deutlich sind die unterschiedlichen Holzarten an den abwechselnd hellen und dunklen Bereichen zu erkennen.

Solche Treibscheibenfutterklötze wurden in die Seilscheibe eingebaut, wenn die alten abgenutzt waren.

den auf den Klötzen angezeichnet. Wir hatten eine Bohrmaschine da stehen, damit wurde gebohrt, und dann kamen die neuen Klötze rein.

Alfred Gladt: Einfach so konnten sie das Treibscheibenfutter nicht rausnehmen. Die Teile waren nämlich konisch gegeneinander. Konisch waren die, damit sie sich nicht verschieben. Und dadurch musstest du schon, wenn du die auseinanderkriegen wolltest, da musstest du schon mit einem Abbauhammer drangehen, dazwischen, und dann wurden die da rausgekloppt! Also, zerstört teilweise, und dann raus. Dann kamen die neuen rein, und dann wurde da so eine Vorrichtung draufgesetzt und die richtige Breite und Tiefe für das Seil in das Treibscheibenfutter eingefräst, eingedreht. Mit einem Stahl wurde das gemacht. Dann erst wurde eingeschaltet, und das ging langsam, da musstest du ganz langsam fahren – die Maschine lief ja ziemlich schnell. Bis das Seil nachher so richtig, sagen wir mal, den Bogen raus hatte.

Erich Fischer: Damit das nicht rausspringen konnte.

Alfred Gladt: Die musste man vor allem auswechseln, wenn das Seil viel gerutscht war darauf. Früher musste das öfter gemacht werden, weil das Klötze waren, die mit Holz belegt waren, und nachher wurde ein anderes Futter verwendet, und dieses Futter hat doch schon was ausgehalten.

Erich Fischer: Die wurden immer besser.

Alfred Gladt: Mit Plastik oder Leder oder wie auch immer war das da innen ausgefüttert. Das war schon besser. Das Seil hat sich ja reingedrückt, und dann blieb es da. Bei dem Holz, da hat es sich abgeschabt. Da ist schon mal ab und zu mal ein Stückchen rausgeflogen, was ausgebrochen war. Große Stücke sind aber nicht rausgekommen. Da könnte keiner erschlagen werden, so doll war das nicht. Wenn, dann sind mal so kleine Stücke rausgebrochen.

Erich Fischer: Das waren Holzklötze, mit Löchern drin. Die Löcher waren drin für die Seilklemmen. Um beim Seilauflegen das Seil festzuspannen auf der Trommel oder der Treibscheibe.

Zollverein	Seillängen Schacht 12 südl.	Gezeichnet 15.8.67	Zeichnung Nr. F 8253

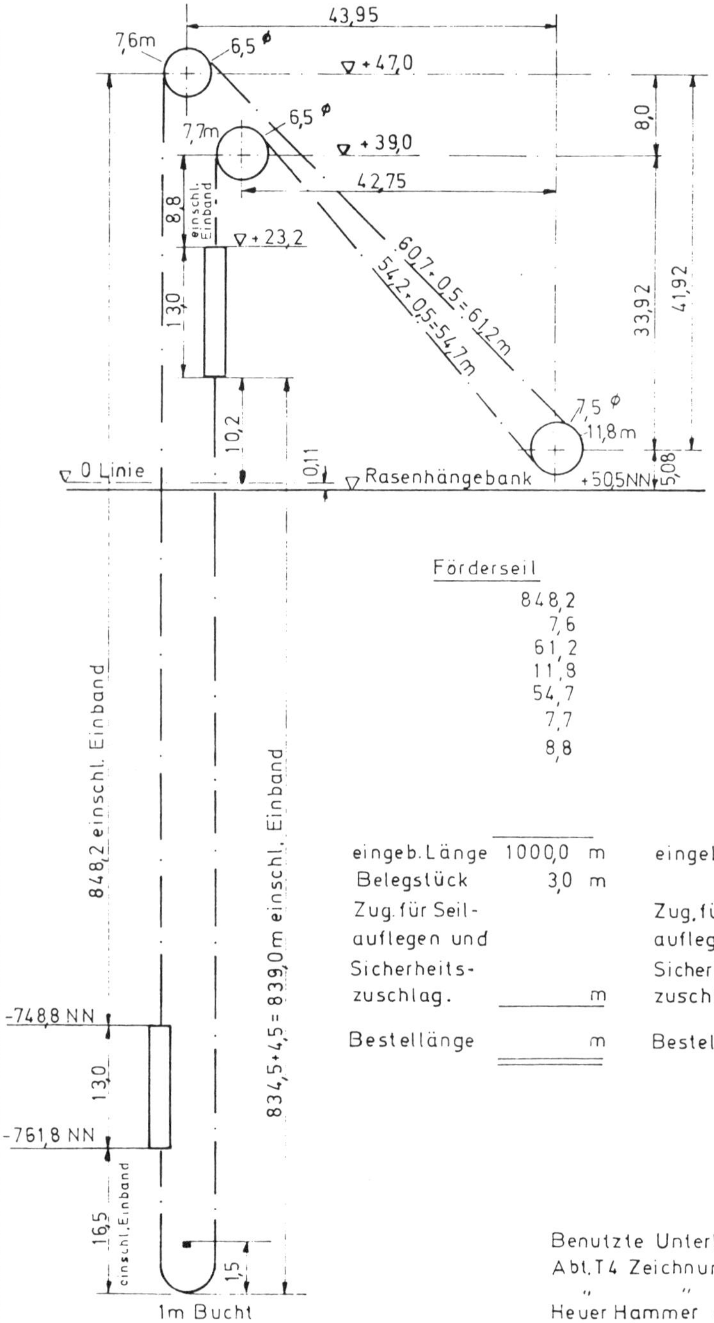

Förderseil	Unterseil
848,2	16,5
7,6	1,0
61,2	839,0
11,8	
54,7	
7,7	
8,8	

Förderseil		Unterseil	
eingeb. Länge	1000,0 m	eingeb. Länge	856,5 m
Belegstück	3,0 m		x 2 = 1713,0 m
Zug. für Seil- auflegen und Sicherheits- zuschlag.	m	Zug. für Seil- auflegen und Sicherheits- zuschlag.	m
Bestellänge	m	Bestellänge	m

Benutzte Unterlagen

Abt. T4 Zeichnung	Nr. 6430
" "	Nr. 6420
Heuer Hammer "	Nr. 45993 b(2)
Siemag "	Nr. B 22/ 4123a

Das Seilauflegen

Eitel Mantowski

Die Förderseile waren stark belastet, denn sie mussten ein enormes Gewicht halten. Alle zwei Jahre wurde damals das Oberseil erneuert. Eine Knochenarbeit, die ein ganzes Wochenende in Anspruch nahm. Montags um 6 Uhr musste die Förderung ja wieder laufen.

Die Fördergefäße wurden dabei zunächst im Schacht befestigt. Ein Korb oben, der andere unten im Schacht. Das war notwendig, um das alte Seil abschlagen zu können. Damit das lange, schwere Ende des Seils nicht in den Schacht fiel, wurde es mit schweren Seilklemmen an der Treibscheibe der Fördermaschine festgehalten. Diese Seilklemmen wurden im Wechsel umgesetzt, um das Seil bewegen zu können. Das neue Seil wurde nun an das alte gespleißt und am alten Förderseil langsam aufgezogen. Wir Handwerker leisteten mit unseren Händen diese äußerst schwierige Vorarbeit, erst dann konnten die Maschinen arbeiten. War das Seil getauscht, wurden es durch häufiges Herauf- und Hinuntergefahren eingefahren – das Seil dehnte sich und musste auf Maß gebracht werden. Das Oberseil war dann fertig.

Beide Körbe waren außerdem unterhalb mit dem Unterseil verbunden. Das war ein Flachseil, das unter dem Boden eines Korbes angeschlagen wurde. Es hing in den Schacht, bis zur tiefsten Stelle des Schachtes, dem Sumpf, und machte dort um ein Umkehrholz eine Kehrtwende zum anderen Korb, an dem es gleichfalls an der Unterseite befestigt wurde. Dieses Unterseil bildete ein Gegengewicht beim Fahren der Körbe.

Seilauflegen

Erich Fischer, Alfred Gladt und Eitel Mantowski im Gespräch

Erich Fischer: Schacht 8 wurde auch benutzt beim Seilauflegen. Dann wurde auf der Trommel das neue Seil aufgespult. Das wurde nicht auf den letzten Tag gemacht. Alle diese Vorbereitungen dauern ja lange: Was läuft, Firmen müssen kommen und Handwerker aus den Werkstätten müssen zur rechten Zeit bestellt werden. Und dann ging's los mit dem Seilauflegen. Das war eine Prozedur! Von Freitags abends bis Sonntags morgens – oder noch länger. Die Seilscheiben, da hatten wir ja diese Klemmen drauf gehabt, die Klemmen wurden draufgesetzt und die Körbe wurden stillgesetzt. Festgesetzt. Der in der Hängebank und unten. Damit das Seil nicht rutscht. Und weil ja jetzt ungleiche Last war, wurden Klemmen draufgesetzt. Das neue und das alte Seil wurden dann aneinandergespleißt. Erst danach wurden keine Klemmen mehr gebraucht, denn wenn wir jetzt Klemmen hätten, wären wir ja über die

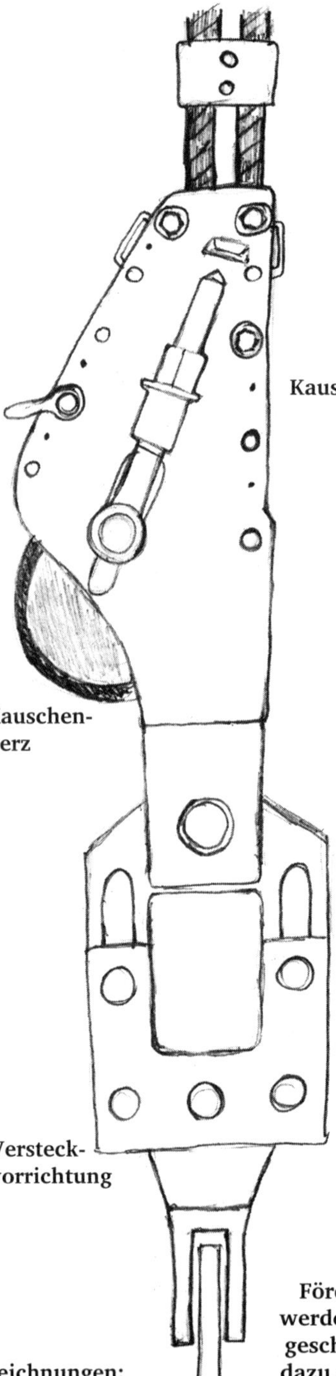

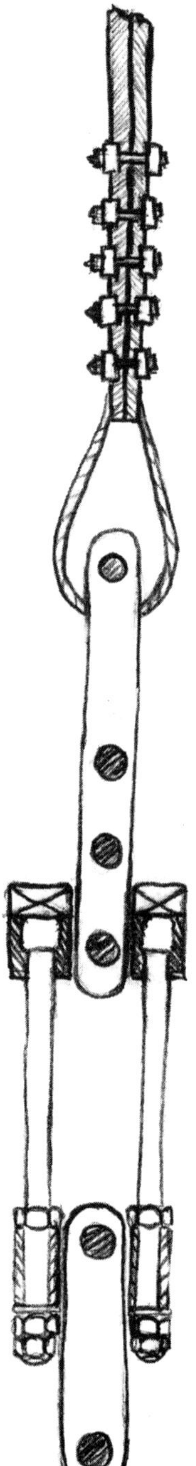

Fördermittel und Förderseil werden mittels eines Zwischengeschirrs verbunden, das auch dazu dient, Längenveränderungen des Seils auszugleichen.

(Zeichnungen: Sanje Miadana)

Seilscheiben nicht mit dem Seil drüber gekommen. Das machte eine Firma, das Spleißen. Da musste extra von der Firma einer bei sein, der die Garantie dafür übernahm. Das sind so fünf oder sechs Meter gewesen, vielleicht wurde sogar auf einer Länge von zehn Metern aneinandergespleißt.

Alfred Gladt: Ja, das waren schon zehn Meter ungefähr, aneinanderspleißen, das neue am alten. Das wurde so übereinander gemacht.

Erich Fischer: Die einzelnen Drähte, die Litzen.

Alfred Gladt: Sechs oder acht Stränge waren da drin. Das Seil war nachher so dick, fast doppelt so dick! Ist ja logisch.

Erich Fischer: Das musste jetzt vorsichtig über die Seilscheibe gefahren werden, damit das nicht rausrutscht.

Alfred Gladt: Das neue geht jetzt runter, und das alte wird gleichzeitig rausgezogen, nach unter Tage in die Strecke.

Erich Fischer: Da haben sie das der erstmal in Stücke geschnitten.

Alfred Gladt: Also das alte Seil unter Tage rausgezogen, das neue Seil oben reingelassen.

Erich Fischer: Mit einer Lok. Das Seil wurde an die Lok unter Tage angehängt und dann weggezogen.

Alfred Gladt: 100 Meter jeweils, danach wurde das abgebrannt. Das war aber genehmigt worden, dass die dann da unten brennen konnten. Die Stücke wurden dann in langen Wagen, in Förderwagen, wieder raufgebracht nach über Tage.

Erich Fischer: Das wurde ja kleingeschnitten. Das war zum Beispiel etwas, was wir wieder rausholen mussten.

Alfred Gladt: Und weil das Seil ja noch nicht stramm war jetzt, hatte es sich noch nicht zusammengezogen und gelängt. Da musste es des öfteren gekürzt werden.

Erich Fischer: Das muss sich ja dehnen. Allein schon durch das Eigengewicht – das hat ja Tonnen, das Seil – und dann noch die Förderkörbe. Erst wurde jetzt mit leerer Belastung gefahren, nur mit den Körben. Und da ging's dann die ganze Nacht rauf und runter. Montagsmorgens musste der Betrieb fertig sein für die Seilfahrt. Also, drei Uhr, vier Uhr war sozusagen alles fertig.

Eitel Mantowski: Wie viel hat man nachher ungefähr da rausgeschnitten?

Bei einer Länge von etwa 1.000 Metern und einem Durchmesser von 74 mm, den beispielsweise das Förderseil der südlichen Förderanlage auf Schacht 12 im Jahre 1974 hatte, brachte es dieses Förderseil auf insgesamt 20,8 Tonnen Gewicht.

Erich Fischer und Alfred Gladt erklären die Markierungen auf dem Förderseil: Insgesamt gab es vier dieser Seilmarkierungen, eine für jeden der vier Sätze des Korbes. An den Stangen links und recht der Seilscheibe sind zwei Pfeile (in weiß und rot) angebracht. Sie zeigen den Stand der zwei Förderkörbe an, die auf Schacht 1 nach Ost und Westen ausgerichtet waren.

Alfred Gladt: Man hatte das Seil schon kürzer eingebunden, weil man wusste, das längt sich. In der Kausche selber, in der das Seil eingebunden ist, da brauchte man das Seil nicht ganz durchzuziehen, das musste man bloß verstecken, so nannte man das. Festlegen musste man den Korb wohl, um nochmal die Seillänge zu verändern, aber darin konnte man das immer ein bisschen kürzen. Weil man ja die Körbe unten immer richtig vorstehen haben musste, an der Sohle, und oben richtig, sodass die Anschläger unten die Förderwagen abschieben konnte und oben. Falls das zu lang oder zu kurz war – das Seil –, stand der Korb nicht richtig, dann musste immer nachgekloppt werden!

Erich Fischer: Bis zu fünfzehn Zentimeter machten die Schwenkböden schon, aber mit den Hebeln mussten die sich dann schon quälen, die mussten ja drücken. Aber dann war Schluss, wenn's über fünfzehn Zentimeter waren. Oder der Wagen konnte ja auch durch, unten wegrutschen!

Alfred Gladt: Die Bühne ist runtergegangen. Und dann ist der Wagen dagegengeknallt! Die Bühne musste ja auch immer runtergelassen werden, wenn Personenförderung war. Dann musste erstmal die Bühne runtergelegt werden, dann konnten die Bergleute aufsteigen.

Der Tagesbetrieb

Erich Fischer

Es wurde auf drei Schichten gearbeitet, morgens, mittags und nachts. Die Hauptseilfahrten waren um 6 Uhr, um 14 Uhr und um 22 Uhr – Seilfahrt heißt Personenbeförderung. Hier musste der zweite Mann dabeibleiben, aus Sicherheitsgründen. Bei der Dampfmaschine betrug die Geschwindigkeit acht Meter, bei der elektrischen 12 Meter pro Sekunde. Zu meiner Zeit wurden am Tage noch des Öfteren auch Kohlen gefördert, dabei war die Geschwindigkeit dann 16 Meter pro Sekunde.

Da pro Schicht in den Hochzeiten auf Zollverein ungefähr 2.000 Personen nach unter Tage gebracht werden mussten, waren die Einfahrtzeiten leicht versetzt. Die Anwesenheit eines zweiten Fördermaschinisten bei Seilfahrten war bergbehördlich vorgeschrieben. Die Verantwortung der Fördermaschinisten für den Transport der Untertagearbeiter führte zu wiederholten Verschärfungen der Bergpolizeiverordnung. So wurde ab 1911 ein Mindestalter von 24 Jahren für Fördermaschinisten vorgeschrieben.

Seilfahrt

Erich Fischer, Alfred Gladt und Eitel Mantowski im Gespräch

Erich Fischer: Bei den Hauptseilfahrten musste immer der zweite Mann dabeibleiben.

Alfred Gladt: Ja, weil so viele Leute eingefahren sind!

Erich Fischer: Da waren mehrere Sätze besetzt mit Personen. Stell dir vor, zwei Körbe, das sind ja bis zu 80 Leute.

Eitel Mantowski: Wer war der zweite Mann?

Erich Fischer: Der Fördermaschinist musste nach der Schicht etwas länger bleiben. Derjenige, der zur Schichtablösung kam, die Ablösung, hat gefahren und der Abgelöste hat dabeigesessen. Für den Notfall. Dann haben wir übrigens unseren Putzer nachher, also einen Handwerker, für den Notfall angelernt. War ja noch Handbetrieb an der Maschine. Und dann kamen den Tag über jede Stunde Zwischenseilfahrten. Nicht unbedingt, aber das war vorgeschrieben. Das war dafür vorgesehen.

Alfred Gladt: Wenn da einer einfahren musste, ein Steiger oder so, der durfte jede Stunde fahren.

Erich Fischer: Oder wenn ein Verletzter drin war.

Alfred Gladt: Ja, der kam immer raus. Der musste ja zuerst raus. Dafür musste die Förderung auch stillstehen.

Erich Fischer: Und dann gab es ja auch 7-Stunden-Schichten. Die fuhren ja auch verschieden ein. Die, die heiße Arbeit hatten unter Tage, die mussten ja früher raus. Du hattest normalerweise 8-Stunden-Schichten. Aber es gibt ja heiße Arbeiten, die hatten nur sieben Stunden. Und die wurden ja auch dementsprechend anders abgelöst. Außerdem: Es kamen Handwerker raus, die was besorgen mussten. Wir hatten ja in der Grube Handwerker, Elektriker, Schlosser. Wenn die Ersatzteile brauchten, dann kamen die zwischendurch raus, die fuhren dann aber meistens zur Rasenhängebank hin. Und dann kamen die natürlich zwischendurch wieder, wenn was kaputt war in der Grube. Du durftest ja dort unten nicht schweißen, das konnten sie ja nur über Tage machen. Und dann mussten sie auch wieder runter, damit der Betrieb unter Tage wieder lief.

Alfred Gladt: Ja, stündlich war die geregelte Seilfahrt. Wenn da einer fahren musste, der konnte jede Stunde fahren. Aber je nachdem, was noch anfiel zwischendurch, dann wurde eben mal so zwangsmäßig ein Korb oder ein Satz freigemacht. Dann konnte der da drauf und dann nach oben.

Eitel Mantowski: Ist die Arbeit an der Fördermaschine eigentlich laut gewesen?

Erich Fischer: Eigentlich so laut gar nicht, aber man hört das Seil knarren und den Motor. Bei der Dampfmaschine, da hörte man Dampf. Aber hier bei der elektrischen hörte man wenig. Nur den Motor – man hörte ein Summen von dem Motor.

Alfred Gladt: Und die Treibscheibe, die hast du auch gehört.

Erich Fischer: Die hörte man knarren.

Alfred Gladt: Und bei der Dampfmaschine, die Kolben, die immer hin und her gingen, diese großen Dinger.

Mitfördern

Erich Fischer und Alfred Gladt im Gespräch

Erich Fischer: Am Anfang haben wir auch noch Kohle mitgefördert, die ersten Jahre. Schacht 1 weniger, die haben nur ganz kurz, nur von der 6. Sohle gefördert, das war wenig. Aber wir an Schacht 2, wir haben mitunter zwei Schichten nachfördern müssen, denn die Skipgfäß-Förderung auf Schacht 12 hat ja nicht alles geschafft. Da musste bloß irgendwas passieren am anderen

Blick über den Bahnbetrieb von Schacht 2 aus: Links das Fördergerüst von Schacht 12, daneben der Feinkohleturm und die Wäsche. Parallel zu den Gleisen verläuft die Kettenbahn, auf der auch die Kohle, die auf Schacht 1/2 gefördert wurde, zur Aufbereitung transportiert werden konnte.

Schacht, schon mussten wir gleich mitziehen. Die Kohlen mussten ja raus, soundsoviel Tonnen mussten oben sein. Da haben wir oft noch bis auf die Nachtschicht nachfördern müssen.

Alfred Gladt: Ja, wir haben doch noch kräftig gefördert. 150 Züge, da musstest du doch immer jede Stunde 20 Züge schaffen. Die Maschine fuhr 16 Meter, und bei 1.000 Metern Teufe, da kann man sich ja vorstellen, da haben wir ungefähr 18, manchmal 20 Züge zusammengekriegt. Aber da musste der Anschläger ran – der Korb hatte noch gar nicht ganz gestanden – da hat der schon die Wagen aufgeschoben!

Erich Fischer: Dann wurde es nachher ruhiger und es kam nur noch vorwiegend Material.

Arbeitsmaterial für unter Tage *Eitel Mantowski*

Nach der Seilfahrt kam die Materialförderung. Früher wurde unter Tage mit Holz ausgebaut. Es gab einen großen Holzplatz direkt bei Schacht 1/2/8. Dieser versorgte den Grubenbetrieb mit allen benötigten Grubenhölzern. Später mussten Ausbauten aus Stahl zum Absichern der Arbeitsbereiche unter Tage und immer schwerere Maschinenteile, die für den gesamten Kohleabbau gebraucht wurden, transportiert werden. Außerdem gab es den Bauhof, der Steine, Sand und Zement nach unter Tage schickte. Es wurde auch Steinstaub nach unter Tage gebracht. Steinstaubsperren hingen in den langen Strecken unter Tage unter den Ausbaubögen. Der Steinstaub sollte bei Explosionen die Flammen ersticken.

Auch die Kübelwagen mit den Kübeln, die unter Tage als Toiletten benutzt wurden, mussten, wenn sie voll waren, nach über Tage gebracht werden. Sie standen manchmal noch einige Zeit am Schacht und stanken.

Am Schacht *Eitel Mantowski und Fritz Schamel im Gespräch*

Eitel Mantowski: Musste man angelernt werden? Wenn ich da bei Reparaturen war am Schacht, dann haben sie auch schon mal gesagt: „Klopp mal ‚Halt'", oder „Klopp mal ‚Auf'." Mit dem Schachtsignal.

Fritz Schamel: Vier Wochen wurde ich angelernt. Du musstest ja angelernt werden. Du musstest ja die richtigen Sachen immer zur richtigen Zeit machen. Und auch mit dem Fördern, das musstest du ja drinhaben, Wagen aufschieben und alles. Was meinst du, was du da kaputtmachen konntest. Stell dir mal vor, du schmeißt zwei Wagen in den Schacht rein, was da los

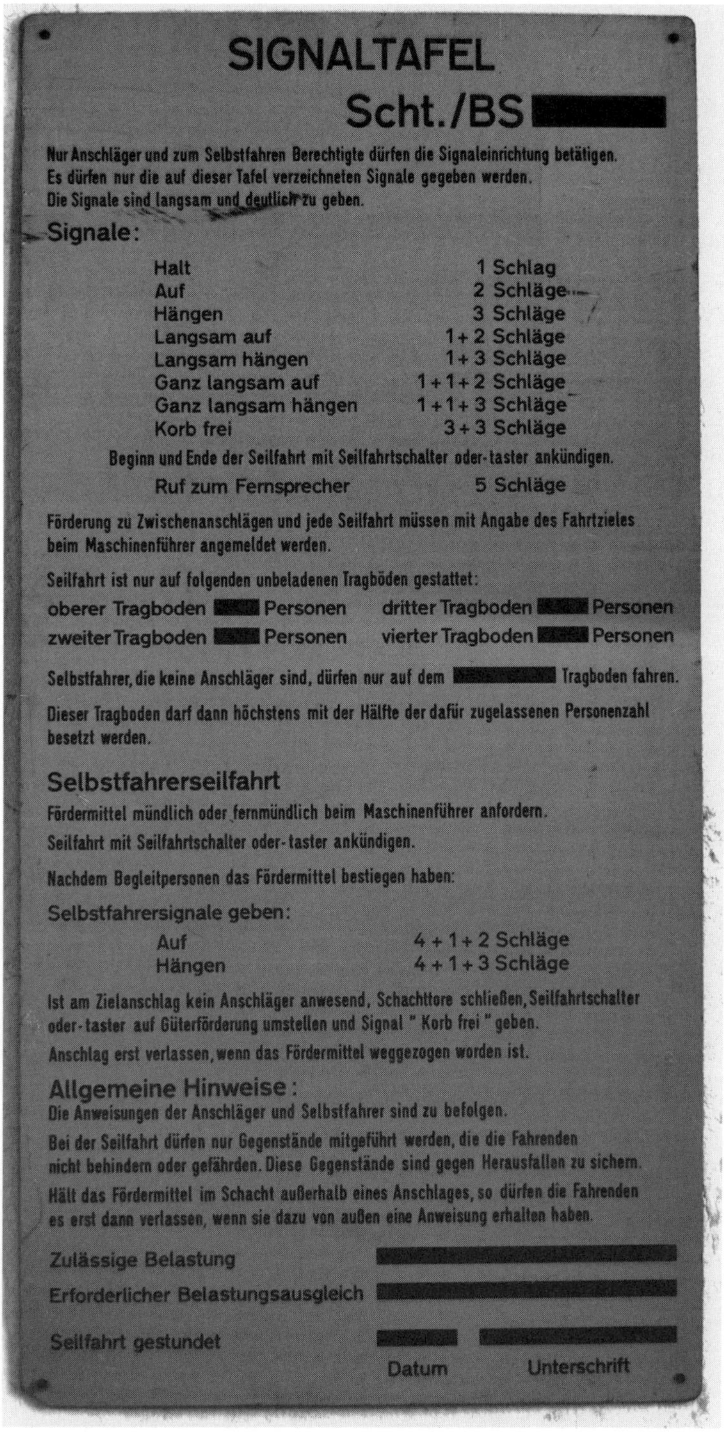

Die Signaltafel mit den verschiedenen Schlagfolgen: Zur Verständigung im Schacht dienen noch heute bestimmte Schlagfolgen. Ein Schlag bedeutet „Halt“, zwei Schläge „Auf“, also das Signal für eine Aufwärtsfahrt des Korbes, drei Schläge bedeuten „Hängen“, also ein Abwärtsfahren.

ist! Und auch die Förderwagen. Besonders auf Schacht 1 um die Kurve rum blieben die Wagen immer stehen. Die kamen nicht da rum, dann musstest du immer wieder schieben ... Weißt du, was wir gemacht haben? Wir haben Öl genommen, haben die Schienen eingeschmiert, dann kam der F. und war wieder am schreien: „Ihr dürft kein Öl einschmieren, da geht der Beton kaputt!"

Eitel Mantowski: Habt ihr denn auch größere Teile transportiert?

Fritz Schamel: Die langen Schienen für unter Tage zum Beispiel haben wir nicht gefördert. Da haben wir nichts mit zu tun gehabt. Auch große Kabelrollen nicht und so weiter. Dafür waren die Schachthauer da. Wir haben nur das gefördert, was auf den Korb ging. Das hätte ja bei uns viel zu lang gedauert. Da hätten wir unser Material nicht mehr runtergekriegt. Das geht ja nicht. Wir mussten ja das Material runterbringen. Unter Tage, die haben ständig nach leeren Wagen geschrien für die Kohle. Wenn sie leere brauchten, dann haben die unten geschrien: „Wir brauchen, wir brauchen!" Da konntest du nicht lange rumfummeln. Das ging nicht.

Eitel Mantowski: Und die, die für unter Tage das Arbeitsmaterial besorgt haben? Die musstet ihr doch auch rausholen bei euch.

Blick über den Bahnbetrieb mit seinen Anschlussgleisen an die Kokerei. Vorne rechts ist ein kleiner Teil des Holzplatzes zu erkennen.

Fritz Schamel: Ja, die kamen schon mal. Auch die Hydrauliker kamen schon mal raus. Zwischendurch. Um dringend benötigte Ersatzteile zu holen, wenn sie was brauchten. Da haben sie dann Zwischenseilfahrt gemacht. Die haben ja Besorgungen gemacht, auf Schacht 1 war ja unten auf dem Platz auch das Hydrauliklager. Da war auch ein Steiger, der das unter sich hatte.

Grubenholz

Erich Fischer, Alfred Gladt und Eitel Mantowski im Gespräch

Eitel Mantowski: Ich erinnere mich noch an den Holzplatz von Schacht 1 früher.

Erich Fischer: Das Holzmagazin – da war ein riesiges Holzlager! Die ganze Ecke da rüber hinten nach der Kokerei war alles Holzlager. Jeden Tag war Holzförderung. Jeden Tag. Was da an Holz runterging.

Alfred Gladt: Ja, der Platz war vor Schacht 2, vor der Turmmaschine. Und da waren in mehreren Reihen diese Hölzer aufgebaut. Fünf Meter hoch.

Neben der Schachtanlage 1/2/8 befand sich der Zentralholzplatz, der den Bedarf an Grubenholz fast aller Schächte von Zollverein für zwei Monate deckte. Dort war dementsprechend in der ehemaligen Sieberei auch ein Sägewerk untergebracht.

Erich Fischer: Ich war auch als Schlosser nach dem Krieg im Holzmagazin, die Sägen mussten wir ja auch reparieren. Das Holz wurde unten am Platz geladen, und nach Schacht 1 ging's dann hoch auf der Kettenbahn, und dann wurde es runtergefördert, das Holz. Und wie viel ist geklaut worden, was haben sie damals geschrieben? Soundso viel Kubikmeter hat der Kumpel mit nach Hause genommen. Klötzken zum Kochen und Heizen.

Alfred Gladt: Fragt der Assessor den Bergmann: „Wie viel Klötze haben Sie denn mit nach Hause genommen?" Und der sagt nur: „Ich hab bloß jeden Tage die Tasche voll!" Ja, da kann er sich's dann ja ausrechnen!

Erich Fischer: Da waren ja verschiedene Maschinen im Holzmagazin. Spaltmaschine, Schrägschneidemaschine, und die haben wir seinerzeit gewartet. Verschiedene Sägen, Spitzmaschinen. Verschiedene Holzarten wurden unter Tage ja für bestimmte Baue verwendet. Wir hatten ja keine Ahnung, was in der Grube war, aber in eine bestimmte Lagerung mussten ja dann auch bestimmte Klötze rein. Das heißt, die Stempel sind über Tage bearbeitet worden. Passend gemacht. Die Bestellungen waren dagewesen, da ist extra einer für zuständig gewesen, und wir mussten die Maschinen warten. Es musste ja laufen. Wir mussten morgens immer durchgehend warten, ob die Maschinen laufen, da waren ja, glaub ich, zehn verschiedene Sägen drin. Ich sag ja, einmal spitzen, einmal quer, einmal teilen, halbiert oder irgendwas. Das war dann morgens die erste Arbeit, den Holzplatz mit den Sägen inspizieren.

Alfred Gladt: Früher. Nachher hatte man Eisenstempel. Mit Eisenstempeln wurde dann ausgebaut. Da kamen die ganzen Eisenstempel da rein, da hat man nur noch diese Dinger gefördert.

Erich Fischer: Und das war auch schwere Last.

Alfred Gladt: Und Kohlenhobel haben sie auch runtergebracht. Diese großen Dinger. Ausbauten und alles musste ja nach unten.

Erich Fischer: Unter anderem am Tage, wenn keine Kohlen waren, dann wurden Waschberge gefördert, nach unten. Die Steine kamen ja oben über die Wäsche auf Schacht 12, und dann wurden die Flöze damit verblasen. Aber das war nur von der Hängebank aus. Der Tagesbetrieb war nur von der Hängebank aus. Und die Schachthauer auf der Nachtschicht von der Rasenhängebank aus.

Alfred Gladt: Die Rasenhängebank ist am Rasen.

Die Nachtschicht

Erich Fischer

Nach der Seilfahrt um 22 Uhr übernahmen die Schachthauer den Korb. Die Rasenhängebank war der Platz für die Schachthauer. Wurden zehn Meter lange Schienenstücke nach unter Tage befördert, wurden diese unter den Korb angehängt. Wir mussten langsam anfahren, um bei Gefahr schnell bremsen zu können. Vorher wurde der Teufenanzeiger leicht verstellt, damit wir hoch genug in den Turm fahren konnten. Um 1 Uhr nachts kam der Tagesbetrieb und machte die Seilkontrolle, es musste ganz langsam gefahren werden. Dann waren die Schachthauer wieder zur Stelle, und es ging weiter, entweder weiter fördern oder Reparaturarbeiten im Schacht.

Nachtschicht am Schacht

Erich Fischer, Alfred Gladt und Eitel Mantowski im Gespräch

Erich Fischer: Die Schachthauer fingen nach der Seilfahrt um 22 Uhr an. Ich stand mich gut mit Steigern, mit allen, dann bin ich immer nach der Seilfahrt zu den Schachthauern rüber, zur Lagebesprechung. Damit man genau wusste: Was wird gemacht. Man kann sich dann auf die Arbeit einstellen: Was läuft. Wir fangen zum Beispiel an mit dem Beladen. Förderwagen beladen, aufschieben, schwere Wagen. Gut, da wusste man: Ein bisschen gegensteuern, paar Wagen draufsetzen, paar Leerwagen drauf. Und dann kam: Langteiltransporte. Langteiltransporte waren zehn Meter lange Schienen.

Alfred Gladt: Die muss man unter den Korb drunter hängen.

Erich Fischer: Und die wurden auf der Rasenhängebank geladen. Unter dem Korb war eine Kette zum Befestigen der Last, und wir mussten dementsprechend in die Höhe reinfahren mit dem Korb, das heißt: Wir mussten ein bisschen vorsichtiger steuern, weil wir in das Schachtgerüst reinfahren mussten. Da musste man langsam fahren, bis zu einem bestimmten Punkt. Hätten wir zwei Meter zu viel gebracht, wären wir oben in die Verdickung gekommen! Dann setzte der Korb sich da fest, dann mussten die Handwerker kommen und den Korb freimachen! Und so mussten wir genau wissen, bis dahin darfst du fahren. War aber genau abgemessen mit den 10-Meter-Schienen. Wir fuhren also rein und die packten mit den Haken die Kette raus. Wir haben das alles automatisch gemacht, ohne Signale. Normalerweise muss „Halt“ gekloppt werden oder „Hängen“, aber das war so eingearbeitet, das lief automatisch! Und die hatten schon die Schienen angebunden, eingehängt und dann wieder hochgezogen. Und unter Tage das Gleiche: Auf einer bestimmten Höhe anhalten, dann haben die mit dem Haken die Schienen rangezogen … Das ging mitunter die ganze Nacht. Je nachdem, was war. Und um 1 Uhr war für die Schachthauer Pause, dann kam der Tagesbetrieb, Seilkontrolle. Jede Nacht wurde das Seil kontrolliert.

Alfred Gladt: Und der Korb.

Erich Fischer: Ja, aber vor allen Dingen das Seil. Mit Scheinwerfern, Seilkontrolle. Und das ging dann fast eine Stunde.

Alfred Gladt: 0,5 Meter pro Sekunde fahren!

Erich Fischer: Gucken, wo schon Löcher im Seil waren, das konnte man ja gut sehen, man stand ja mit zwei Mann drumrum.

Eitel Mantowski: Das Seil überprüfen heißt: Zwei Männer stehen und gucken?

Erich Fischer: … und kontrollieren das Seil. Man kann ja nicht hinter das Seil gucken, da mussten immer zwei Mann stehen.

Alfred Gladt: Man kann dann auch sehen, ob da was ist. Wenn vom Seil eine Litze gebrochen ist, das können die sehen. Das wurde dann angehalten, dann wurde die Litze abgemacht …

Erich Fischer: … und genau markiert, wo das war.

Alfred Gladt: Es wurde aufgezeichnet, wann wie viel Drahtbrüche waren. Man musste ungefähr wissen, wie viel Drahtbrüche das Seil vertragen konnte. Das haben die auch notiert, dann wurde das nochmal richtig gründlich nachher kontrolliert. Dafür kam einer von der Bergbehörde.

Erich Fischer: Die Seilprüfstelle kam sowieso fast jeden Monat einmal, und hat sich davon überzeugt, was los ist. Ob sie das weiter genehmigen. Die Seilprüfstelle genehmigte die Weiterförderung oder die Stilllegung.

Alfred Gladt: Die haben es durchlaufen lassen, das Seil.

Erich Fischer: Dann wurde geröntgt.

Alfred Gladt: Das Seil wurde geröntgt, und dadurch hat man festgestellt: Ist das Seil jetzt auf einmal plötzlich dünner geworden? Also, wenn zu viele Drähte gerissen sind, dann kann das sein, dass das Seil auf einmal dünner und länger wird.

Erich Fischer: Das war dann jede Nacht von 1 bis 2 Uhr die Seilkontrolle. Dann fingen die Schachthauer wieder an mit ihren Reparaturarbeiten. Dann haben sie oben auf dem Deckel gestanden – auf dem Deckel oberhalb vom Gestell. Ja, und dann wusste ich genau: Bis dahin fahren die, und dann konnte man sich drauf einstellen, was gemacht wurde. Und dann um 5 Uhr war Schluss, weil wieder alles vorbereitet werden musste für die Hauptseilfahrt. Die Körbe mussten saubergemacht werden und so weiter. Ja, die Nachtschicht war schon anstrengend gewesen. Je nachdem, mit der Materialförderung. Man musste ja aufpassen – immer munter sein! Selbst die Stunde von 1 Uhr bis 2 Uhr, wenn man da auch langsam fuhr, aber man musste ja aufpassen: Wann ist es soweit zum Bremsen. Und dann, um 1 Uhr, wenn die Leute müde wurden ... Wer noch nie Nachtschicht gemacht hat, der wäre eingeschlafen. Das war anstrengend.

Schachthammer *Erich Fischer und Alfred Gladt im Gespräch*

Erich Fischer: Manche Sachen haben sie gar nicht auf den Korb gekriegt, die mussten sie dann drunter hängen. Und dann fahr mal mit einem Meter pro Sekunde! Die sind ja immer mitgefahren, die Schachthauer, auf dem Deckel mitgefahren, damit die sofort...

Alfred Gladt: ... „Halt" kloppen konnten.

Erich Fischer: Die Schachthauer haben im Schacht mit dem Seil Signale gegeben. Man hat ja keine Stationen mehr gehabt. Man hat das immer mit dem Seil gemacht.

Alfred Gladt: Dann konnten sie am Schachthammerseil ziehen: „Halt". Nachher wurden aber auch schon auf dem Korb die Sprechfunkapparate eingebaut. Der Schachthammer ist von Anfang an drin gewesen. Das war ein Hammerseil, das war ungefähr zehn Millimeter stark oder ein bisschen

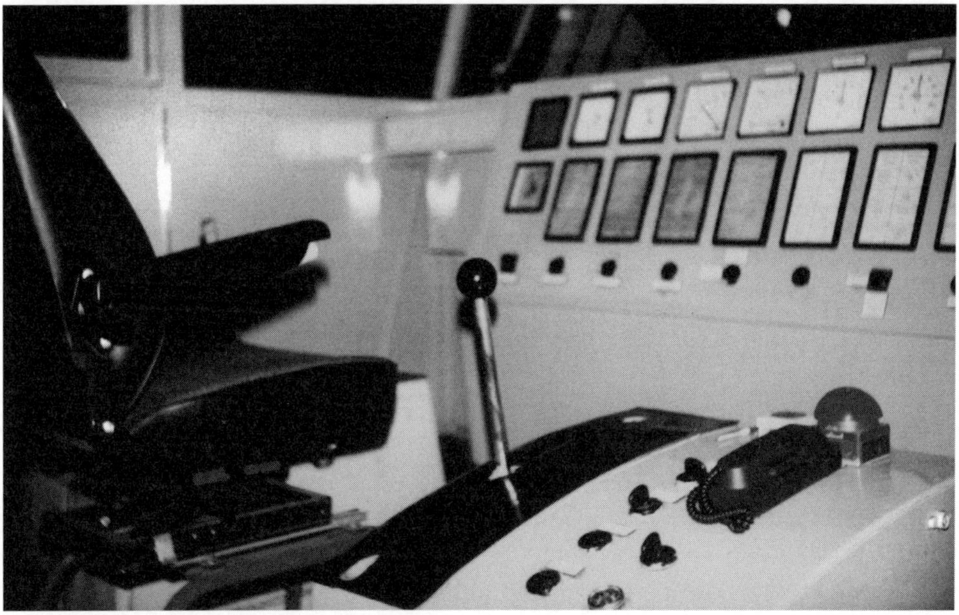

Dies ist der Steuerstand der Fördermaschine 2. Von hier aus bediente der Fördermaschinist die Maschine. Wir sehen hier den Steuerhebel, die Anzeigetafeln und das Telefon, das für den Betrieb der Fördermaschine unbedingt nötig war.

mehr, und das wurde dann im Schacht geführt und ging nach oben an ein Signal. Und wenn man das gezogen hat, dann ging das Signal rauf, und der Maschinist, der wusste sofort: „Stopp, jetzt muss ich halten."

Hängen im Schacht

Eitel Mantowski, Alfred Gladt und Erich Fischer im Gespräch

Eitel Mantowski: Was ist eigentlich der Unterschied zwischen „Halt" und „Hängen"?

Alfred Gladt: Vom Signal her: Für „Hängen" hatten wir drei Schläge gehabt, und für „Halt" hatten wir einen Schlag.

Erich Fischer: Und dann gibt es noch „Ganz langsam hängen". Das ist dann mit Gefühl gewesen, ganz langsam.

Alfred Gladt: Da ging's um Zentimeter.

Erich Fischer: Passte der Korb nicht, dann wurde entweder „Langsam hängen" gekloppt oder „Langsam auf". Oder „Ganz langsam", wenn es hundertprozentig laufen musste.

Alfred Gladt: Je nachdem, was da aufgeschoben wurde. Ausbauten, Stahlausbauten, die waren schwer und waren schlecht auf dem Korb zu lagern. Da muss man ganz vorsichtig fahren …

Erich Fischer: … und söhlig, genau söhlig halten. Auch die Hauptseilfahrt musste angekündigt werden. Drei Mal vier Schlag. Hauptseilfahrt. Dann konnten wir uns drauf umstellen: Aha …

Alfred Gladt: … es sind mehrere Körbe beladen.

Erich Fischer: Jetzt ist Seilfahrt. Besonders umsetzen.

Besuch

Erich Fischer, Eitel Mantowski und Alfred Gladt im Gespräch

Erich Fischer: Und dann hatten wir so verschiedene Steiger – wenn wir Besuch kriegten, zum Beispiel Frauenbesuch und so weiter, ist egal, wer das war – dann ging das Telefon: „Erich, denk mal dran! Wie schön wir runter kommen." Dann mussten wir fahren bis unten hin, und dann noch einmal – wippen! Der Korb federt ja nach! Um die zu ärgern. Also, das waren verschiedene Steiger, die sagten: „Erich, du weißt, die sind wieder so etepetete, und die meinen wunders, wie schön das ist." Und dann sind wir gleichmäßig abgefahren, dann bremst man ab, dann geht das auf die Tiefe!

Eitel Mantowski: Ja, das haben sie extra gemacht.

Erich Fischer: Eben! Damit die Leute meinen: „Doch, der Kumpel hat es schwer." Ich hab doch auch damals den Hardy Krüger runtergelassen. Der kam auch in die Maschinenhalle rein.

Alfred Gladt: Ja?

Erich Fischer: Ja, da haben sie gesagt, Hardy Krüger kommt, die kündigten dann solche Besucher an. Und der wollte auch in die Fördermaschine.

Eitel Mantowski: Der Filmschauspieler?

Erich Fischer: Ja. Viel Prominenz haben wir schon runtergelassen. War ja der Hauptseilfahrtschacht bei uns.

Eitel Mantowski: Wen denn noch?

Erich Fischer: Den Adenauer nicht, der hat nicht gewollt.

Sprengstoff

Erich Fischer und Alfred Gladt im Gespräch

Erich Fischer: Und dann wurde noch Sprengstoff gefördert. Es wurde ja da unten noch geschossen unter Tage. Bei Sprengstoff gab es besondere Vorsichtsmaßnahmen. Dann durfte keiner mitfahren. Nur ohne Begleitung auf dem Korb durfte gefahren werden.

Alfred Gladt: Nein, dann durfte keiner auf den Korb. Und dann wurde auch bloß mit zwei Meter gefahren.

Erich Fischer: Mit zwei Meter, höchstens drei Meter. Man durfte nicht viel anecken, keine Erschütterungen haben, nichts.

Alfred Gladt: Da hatten sie extra ein Signal.

Erich Fischer: Und Sprengstoff kam zwischendurch. Der wurde meistens im Laufe des Vormittags gefördert. Es wurde morgens angeliefert, durfte ja nicht lange gelagert werden.

Alfred Gladt: Da war immer ein Steiger dabei.

Erich Fischer: Feuerwehr war dabei und so weiter, das waren ja Vorsichtsmaßnahmen. Und jedes Signal wurde schriftlich aufgenommen. Also, wenn wir jetzt Fehler gemacht hätten, dann konnte man anhand der Diagramme genau sehen, was gelaufen ist, wie schnell man gefahren ist …

Alfred Gladt: … ob du richtig das Signal beachtet hast.

Erich Fischer: Das sind die Vorsichtsmaßnahmen. Auch bei Verletzten auf dem Korb – dafür wurden auch extra Signale gegeben.

Arbeiten an Schacht 8

Erich Fischer, Alfred Gladt und Eitel Mantowski im Gespräch

Erich Fischer: Schacht 1 und 2 waren einziehende Schächte, für die Versorgung mit Frischluft unter Tage. Schacht 8 war ausziehender Schacht. Da wurde die Luft von unter Tage angesaugt, rausgesaugt. Und der Schacht musste immer fahrbereit sein, falls irgendwas drin kaputtging. Wenn irgendwo Hölzer querlagen, wäre da Luftwiderstand gewesen, und die Luft konnte nicht genug abziehen. Es wurde auch immer regelmäßig der Schacht befahren, um ihn zu kontrollieren. Als Maschine stand dort ein großer Haspel.

Alfred Gladt: Man kann sich ja vorstellen, wenn das der ausziehende Schacht ist, da kommt der ganze Dreck von unten mit! Wenn die rauskamen nach der Kontrolle, die sahen manchmal aus!

Eitel Mantowski: Wurde das jeden Tag befahren?

Alfred Gladt: Ja – nun, wenn da gearbeitet werden musste, dann ja, aber sonst bloß einmal im Monat.

Blick aus der Turmfördermaschine von Schacht 2 in Richtung Gelsenkirchener Straße
❶ Lüfter (Schacht 8) **❷ Kühlturm (Schacht 12)**
❸ Schreinerei (Schacht 1/2) **❹ Kaue (Schacht 1/2)**
❺ Kesselhaus (Schacht 12)

Fördermaschinist Alfred Gladt auf der Arbeitsbühne neben dem Teufenzeiger. Dahinter ist die Treibscheibe zu sehen.

Erich Fischer: Einmal im Monat. Und je nach Bedarf. Man merkte ja, wie die Luftabführung war. Wenn es schlechter wurde, musste es unbedingt befahren werden. Das spürt man ja, es kam nicht mehr die Qualität oder die Masse raus. Irgendwo musste dann was stecken.

Alfred Gladt: Konnte mal aus dem Schacht etwas ausbrechen und sonst dergleichen.

Erich Fischer: Und wenn was war, dann mussten mehrere Schichten angesetzt werden. Da kam der Reservemann – so wie es wir zu Anfang unserer Fördermaschinistentätigkeit waren – meistens mit in die Maschine rein. Und man war froh, dass die auch mal wieder am Bock saßen. – Man sagt ja „am Bock sitzen“, nicht? – 1953 wurde ich angestellt als Fördermaschinist, und vorher war ich vier Jahre Reservemaschinist, ich hab Urlaubsvertretung gemacht. Seitdem mir die Prüfung abgenommen wurde, hab ich fast nur noch gefahren. Die Kollegen waren alle älter. Mein Vater ging 1953 in den Ruhestand, ich hab seinen Stuhl eingenommen. Mein Onkel hat noch ein Jahr gemacht, und das waren alles so die älteren Jahrgänge. Deswegen war ich dann fast nur am fahren.

Eitel Mantowski: Jetzt ist mir gerade noch was eingefallen: Sagt man besser „Teufezeiger“ oder „Teufen**an**zeiger“?

Alfred Glatt: Teufezeiger haben wir immer gesagt.

Erich Fischer: Normalerweise zeigt der die Teufe an. Teufezeiger oder Teufenanzeiger, ist ja im Prinzip dasselbe. Man sah genau, wo wir mit dem Korb waren. Aber das waren ja keine Körbe, das waren ja Gestelle! Wir sagen immer Körbe, Förderkorb. Aber normalerweise heißt das: Gestelle! Ist ja kein Korb. Aber das heißt in der Kumpelsprache: Förderkorb.

Schacht 12

Alfred Gladt, Eitel Mantowski und Erich Fischer im Gespräch

Alfred Gladt: Die Fördermaschine Süd auf Schacht 12 war ja automatisch, die konnte man einstellen. Nur wenn sie stehengeblieben war, dann musste man wieder alles umschalten und gucken, was da passiert ist, wer benachrichtigt werden musste. Dann konnten wir wieder weiterfahren. Und wir haben gewechselt von der Fördermaschine Nord nach Süd hin. Nach vier Stunden. Der im Norden musste ja immer von Hand fahren. Und es ja ging immer Zug auf Zug. Im Norden, da hatten wir 34 Züge zusammengekriegt

Ein liegendes Skipgefäß im Zechenbahnhof von Schacht 12 vor der Kohlenwäsche. Im unteren Bereich des Skipgefäßes (rechts) ist ein Bodenverschluss eingebracht, durch den die Rohkohle über Tage automatisch entleert wird.

pro Stunde, und im Süden hatten wir 36 zusammengekriegt. Also, die lief wesentlich schneller, die Maschine im Süden. Die fuhr 18 Meter. Die hatten ja im Süden 18 Tonnen drin im Fördergefäß, und im Norden hatten sie 13 Tonnen drin. Das war schon ein Unterschied.

Eitel Mantowski: Bist du denn auf beiden gewesen?

Alfred Gladt: Ja, musstest du ja, wir haben ja immer gewechselt. Halbehalbe, haben wir immer gemacht bei der Schicht. Wir haben auch oft nachgefördert. Je nachdem, wie die Förderung lief, da haben wir meistens bis 2 Uhr, manchmal auch bis 4 Uhr gefördert.

Das Förderseil auf Schacht 12 war 76 Millimeter dick nachher, das war das dickste Seil, was wir überhaupt hier hatten. Und das erste Seil, was draufgekommen war auf Schacht 12, das war genau einen Monat drauf. Da waren so viele Drahtbrüche drin danach, da wurde das wieder abgelegt. Und dann hatte man dieses Seil, oder besser gesagt, diese einzelnen Stahlseile ...

Erich Fischer: ... Litzen ...

Alfred Gladt: ... hat man dann zur Seilprüfstelle gebracht. Das ging ja alles über die Prüfstelle, weil das so noch nicht dagewesen war. Denn so eine kleine Umkehr bei solch einem dicken Seil hatte man noch nicht gehabt. Und dann hat man ja Stahl erfunden, der biegsamer war.

Eitel Mantowski: Moment! Du sprichst von diesem engen Radius.

Erich Fischer: Weil das Seil zu dick war.

Alfred Gladt: Die Seilscheiben auf Schacht 12 hatten einen Durchmesser von 6,5 Metern. Das Seil war zu dick und der Radius war dafür zu gering gewesen.

Erich Fischer: Das war schon bald wie mit einem Knick.

Alfred Gladt: Da musste man Stahl entwickeln, der ein bisschen flexibler war.

Erich Fischer: Ja, es wurde viel experimentiert mit den Seilen.

Die Styroporkiste

Alfred Gladt und Erich Fischer im Gespräch

Alfred Gladt: Schacht 2 war einziehender Schacht. Und das war auch ein Grund dafür, weshalb es gut war, diese Schutzkabine, das Häuschen, da zu haben: Es war im Winter unheimlich kalt. Dieser große Raum...

Erich Fischer: Wir saßen ja direkt über'm Schacht! Hattest du auch noch die Styroporkiste gehabt, im Winter?

Alfred Gladt: Unten, für die Beine. Die Füße standen ja die ganze Schicht, die standen ja praktisch ruhig.

Erich Fischer: Die hab ich ja auch noch besorgt.

Alfred Gladt: Weil das nach unten offen war.

Erich Fischer: Weil das zog! Über'm offenen Schacht! Man konnte fast den ganzen Schacht runtersehen. Lief ja bloß über die Umlenkrolle noch, das Seil, aber sonst war man direkt drüber. Die Hebel waren ja durchlässig zur Sohle unten drunter, und das zog da durch.

Alfred Gladt: Bei der Dampfmaschine war das nicht nötig, weil wir da ja Heizung hatten – da war genügend Dampf da, nicht?

Das Kesselhaus

Als Kesselwärter auf Zollverein

Herbert Eichfeld

Ich wurde 1929 geboren und habe am 1. Juli 1945 auf Zollverein angefangen, sofort nach dem Krieg. Ich hatte Maurer gelernt und habe bis 1960 in der Bauabteilung gearbeitet, und bin dann 1960 ins Kesselhaus gegangen. Nach zwei oder drei Jahren bot sich die Gelegenheit, mit noch einem weiteren Kollegen über drei Monate einen Kesselwärter-Lehrgang an der Bergschule in der Gutenbergstraße im Essener Süden zu machen. Dafür war ich vorgeschlagen worden. Danach habe ich als Kesselwärter gearbeitet. 1984 bin ich in den Ruhestand gegangen.

Im Allgemeinen bin ich mit der Zeit auf Zollverein zufrieden. Die Zeche gab mir Arbeit und Brot. Durch die Zeche und durch Eigenhilfe bin ich auch zwischen 1952 und 1955 zu einem eigenen Häuschen gekommen.

Man musste auf Zack sein – Arbeit im Kesselhaus

Herbert Eichfeld im Gespräch

Der Schichtbeginn war auf Schacht 1/2, vorne von der Bullmannaue aus ging es durch das Haupttor. Die ersten Jahre war dort unten links sofort die Markenkontrolle, jeder hat seine Marke da gezogen, dann wurde die Schicht angeschrieben. Und nachher waren es Stempelkarten. Die kamen, glaub' ich,

Da vor allem unter Tage durch Stäube und Gase, die beim Abbau der Kohle freigesetzt werden, Explosionsgefahr durch Funkenschlag besteht, ist in diesen Arbeitsbereichen lange mit Druckluft gearbeitet worden. Dabei ist die Gefahr von Funkenschlägen geringer als bei Elektrizität. Das Kesselhaus speiste die Kompressoren zur Drucklufterzeugung. Dort wurde in fünf großen Steilrohrkesseln Wasser durch einen zuvor auf 180 °C erhitzten Unterwind in Dampf umgewandelt. Jeder der vier ursprünglichen Kessel hat eine Rostfläche von 21 qm, der 1935 ergänzte fünfte Kessel verfügt über eine Rostfläche von 57 qm. Zunächst ein, ab Mitte der 1950er Jahre zwei Hochdruckdampfkompressoren erzeugten nun einen Druck von bis zu 220 bar, die ältere Maßeinheit Atm (auch Atü genannt) entspricht dem in etwa: 1013,25 mbar = 1013,25 hPa = 1 atm (Normaldruck). Die Lokomotiven, die unter Tage die Kohlewagen zogen, wurden von mit Hochdruckluft gefüllten Flaschen (jeweils 300 Liter) angetrieben. Das Niederdruckkompressorenhaus mit drei Kompressoren versorgte die Abbauhämmer der Bergleute mit Niederdruckluft mit einem Enddruck von 6,5 bar. Das Kesselhaus auf Schacht 12 deckte damit einen großen Teil des Energiebedarfs der gesamten Zeche ab. Außerdem wird es wegen seiner Bauform mit dem erhöhtem Mittelschiff und den Kompressorenhäusern als Seitenflügeln heute als „Kathedrale der Industriekultur" bezeichnet.

ungefähr Anfang der 1960er Jahre. Dann war oben, wo die Kaue war, rechts an der Seite die Arbeitszeiterfassung, und von da aus sind wir runter durch die Lohnhalle hinten raus nach Schacht 12 gegangen. Das ging alles hier von Schacht 1 aus. Auch die ganzen Leute, die auf Schacht 12 in der Werkstatt und so weiter beschäftigt waren, sind alle hier vorne durch. Hinten

Das Kesselhaus, Anfang der 1930er Jahre. Noch steht der riesige Schornstein hinter dem Kesselhaus, dem es den Namen „Kathedrale der Industriekultur“ verdankt. Er wurde Anfang der 1980er Jahre abgerissen.

Herbert Eichfeld zeigt Thorsten Seifert von der Stiftung Zollverein seinen ehemaligen Arbeitsplatz im Kesselhaus.

auf Schacht 12, der Eingang, war praktisch nur für Materialanlieferung, für sonst irgendetwas oder für hohen Besuch. Das war meistens zu, das Tor.

Wir hatten ja Wechselschicht. Das ging immer durch, das war ein Turnus-Betrieb, morgens, mittags, nachts, auch sonntags, feiertags, je nachdem, wie die Schicht fiel. Die Kesselbedienung, das musste man natürlich so ein bisschen im Griff haben. Man wurde angelernt, dann wurde der Kursus gemacht an der Bergschule, schließlich wurde man geprüft. Vom TÜV waren Leute an der Bergschule, die haben uns nach drei Monaten abgenommen, und dann hat man das Kesselwärterzeugnis bekommen. Dann war man berechtigt, die Kesselanlage zu bedienen. Ohne das durfte man da gar nichts machen. Ich war auf der Kesselbühne, da konnte ich nicht weg. Man musste schon ganz schön aufpassen, auf Zack sein und immer den Druck halten, denn da hing Vieles von ab. Es war nachher schon so ein Fingerspitzengefühl. Man wusste genau, wie die einzelnen Kessel reagieren.

Und das hing ja hauptsächlich auch mit der Förderung zusammen. Denn von dem Dampf, den wir erzeugt haben, da ist im Niederdruck die Turbine angetrieben worden. Die hat die Niederdruckluft produziert, für unter Tage unentbehrlich. Wenn da keine Druckluft gewesen wäre, dann hätten die Kumpels nach Hause gehen können. Die haben ja früher alle mit den Lufthämmern abgebaut. Man konnte genau feststellen, wie der Verbrauch war. Dann hat der Maschinist viel mehr Luft aufmachen müssen, damit er den Druck halten konnte. Dementsprechend hat der bei uns viel mehr Dampf

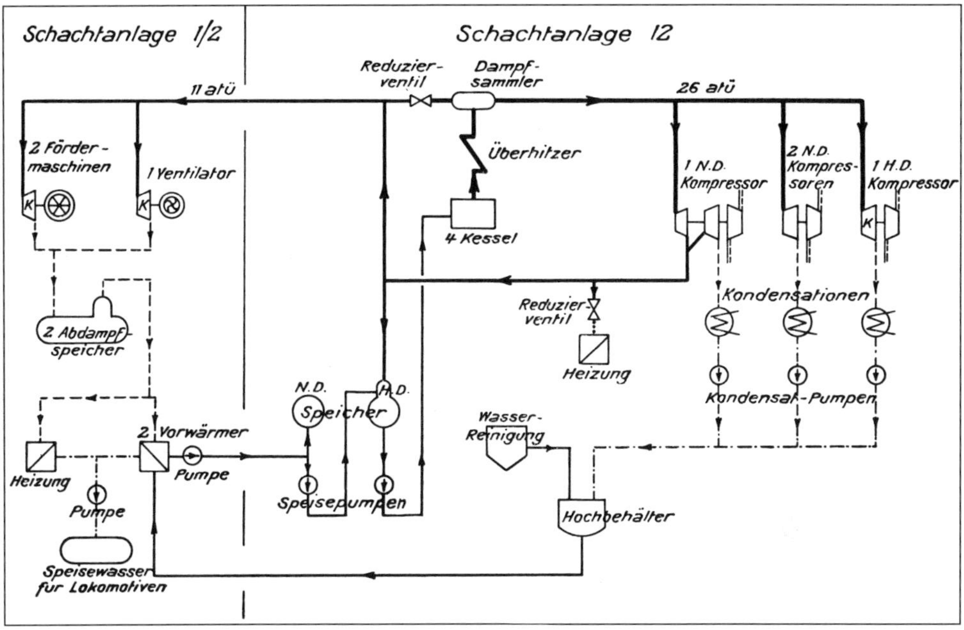

Der Schaltplan der Dampfkraftanlage von Schacht 12 (1930er Jahre).

rausgezogen. Auf der Morgenschicht wurde die meiste Druckluft verbraucht, deswegen hat er am meisten losgedreht. So um 7 Uhr morgens, dann fingen die Kumpels richtig an, dranzuhauen, das konnte man merken. Da haben die losgelegt, und dann ging das ungefähr bis 12 Uhr, der starke Verbrauch. Dann ließ das langsam nach. Direkt oben haben wir das gemerkt, wie der Verbrauch war unter Tage. Man muss mehr Kohlen nachgeben, um den Druck zu halten, dass der nicht abfällt. Da musste man Zunder geben, schneller fahren, das ging gangweise. Entweder hat man das Rost schneller laufen lassen, oder die Kohlenschicht wieder zwei Zentimeter höher gedreht. Je nachdem, wie die Situation war. War nicht immer gleichbleibend. Also, man hat sich jeder Situation angepasst. Man wusste sofort: Halt, soundso musst du das machen.

Das hing alles zusammen. In einem Nebengebäude wurde Hochdruckluft produziert. Und die wurde gespeichert, in dicken Flaschen, so ähnlich wie Schweißgasflaschen, aber viel dicker, ungefähr mit einer Eisenwandung von fünf bis sechs Zentimetern. Die wurden vollgedrückt mit Luft. Die Druckluft kam dann nach unten. Es waren dafür Zapfstellen in der Grube, da haben sie dann ihre Loks mit aufgefüllt, die sind dann mit der Druckluft gefahren. Der Hochdruckkompressor wurde ja auch mit Dampf angetrieben. Und wenn der angefahren wurde, dann wurden bestimmt auf einen Schlag so sechs, sieben Tonnen rausgeholt. Der Verbrauch wurde nach Tonnen gerechnet. Also, eine

Tonne Dampf ist ein Kubikmeter Wasser. Wenn ich stündlich 80 Tonnen Dampf erzeugt habe, dann habe ich 80 Kubikmeter Wasser verdampft. Dann hat man gesehen, oh, halt, da ist wieder was, Zunder geben. Wir haben 28 Atü gefahren mit 400 °C heißem Dampf. Denn zu jedem Druck gehört eine ganz bestimmte Temperatur, das ist einfach physikalisch so. Und 28 Atü, das war unser Höchstmaß. Wenn man nicht aufgepasst hat und mal ziemlich Zunder gegeben hat, dann aber auf einmal hat irgendeine Maschine abgestoppt und nichts mehr verbraucht – dann ging der Druck höher und es haben sich oben die Sicherheitsventile geöffnet. Das war natürlich ein Höllenlärm! Das hat man ein paar Kilometer weit gehört.

Generell war im Niederdruckkompressor, da wo die Turbine lief, ein unheimlicher Lärm. In dem Niederdruckgebäude oben auf der ersten Etage waren die Turbinen. Da war es laut drin! Bei uns, wo die Kessel liefen, gab es auch Geräusche. Geräusch ist überall, aber das war zu ertragen. Und im Sommer natürlich dann die schlechte Luft und die Hitze. Aber das musste man dann eben ertragen. War nichts dran zu machen! Staubig war es allerdings nicht. Manchmal, wenn ein Kessel neu in Betrieb genommen wurde, je nachdem, wie der dann reagiert hat, ist es ziemlich qualmig gewesen. Dann musste man da auch schon, sag ich mal, schlucken, aber sonst, an und für sich, staubig nicht. Im Gegensatz zur Sieberei oder der Wäsche, die hatten ja da mit Staub zu tun, das hatten wir nicht bei uns. Bei uns war es wohl die Temperatur. Im Winter war das angenehm! Aber im Sommer haben wir da schon ziemlich schwitzen müssen.

Die Aufgabe, die ich da erfüllt habe, war aber körperlich nicht so anspruchsvoll. Man musste nur aufpassen, dass der Betrieb lief. Wenn alles lief, dann war es ja gut, aber wenn mal Störungen kamen, dann musste man die Störung sofort erkennen und das Richtige machen – ganz schnell. Wenn man das verpasst hat, dann war es vorbei, dann ging alles in den Keller, dann war's aus. Da musste man schon auf der Hut sein, aber das lernte man auch nicht von heute auf morgen. Bis man richtig in die Sache reingewachsen ist, das dauerte – mindestens ein, zwei Jahre. Man muss genau die Reaktionen der einzelnen Kessel kennen, und dementsprechend muss man sich das alles einteilen, dass man auch gut über die Schicht kommt. Wie gesagt, man musste zwar gewisse Kenntnisse haben, aber man lernt das selbst. Wenn man irgendeinen Fehler macht, dann sagt man sich hinterher, hätte ich das soundso gemacht, dann wäre das besser gewesen. Das geht dann nachher in Fleisch und Blut über.

Wir haben ja jeden Tag, je nachdem wie die Dampfabnahme war, bis zu hundert Tonnen Kohle verbraucht. Das war keine reine Kohle, da waren auch Berge mit zwischen, das nannte sich Mittelprodukt und wurde in der Wäsche hergestellt. Die waren etwa eine Fingerkuppe groß, diese Stücke. Und da haben wir jeden Tag innerhalb von 24 Stunden siebzig, achtzig, bis zu hundert Tonnen verfeuert, je nachdem, wie viele Kessel in Betrieb waren. Da ist ja früher, am Anfang, mehr Dampf verbraucht worden, nachher ist auch ein elektrischer Kompressor gebaut worden oben im Niederdruck, dadurch wurde das dann schon weniger. Aber sonst war das schon allerhand.

Wir hatten fünf Kessel, die waren nicht immer alle in Betrieb. Wenn ein Kessel, je nachdem wie der beansprucht worden war, vier Monate gelaufen war, musste er stillgelegt und dann gereinigt werden: entschlackt, von innen entstaubt und so weiter. Das musste alles gereinigt werden. Dann geht einer rein, der sich dafür gemeldet hat. Wir hatten drei im Kesselhaus, die haben das gemacht. Die sind auch etwas besser bezahlt worden dafür. Die haben dann mit Sandstrahlgebläse die Rohre gereinigt vom Staub und die Kessel von innen richtig gesäubert. Wie gesagt – vier Monate im Schnitt, dann war es soweit, dann wurde der Kessel stillgelegt und gereinigt. Und man hat ja dann auch immer Reserven gehabt, also, alle fünf Kessel waren zu meiner Zeit nicht in Betrieb, eher vier, meistens drei.

Die Arbeitskleidung wurde nachher vom Betrieb gestellt. Das war Anfang der 1960er Jahre, glaube ich. Da haben wir Arbeitsschuhe mit Stahlkappe bekommen und einen Arbeitsanzug. Ich kann aber jetzt nicht mehr sagen, in welchen Zeitabständen das passiert ist. Das konnte man dann auch waschen lassen, das kam in den Wäschesack rein, wurde abgeholt, ist gewaschen worden und kam dann wieder zurück. Vorher gab es das nicht.

Vorher gab es auch noch keine Helmpflicht. Da hat jeder entweder einen Hut aufgehabt – also, in den 1950er Jahren noch oder davor – eine Mütze, einen Hut auf oder gar nichts. Jeder hat einfach irgendwelche alten Schuhe angehabt. Später war das ja alles Pflicht. Unfallschuhe und den Helm auf – unbedingt musste man den Helm aufsetzen in den 1960er Jahren und danach. Die Arbeitshandschuhe, die sind dann auch gestellt worden. Und da

Durch das Tarifvertragsgesetz von 1949 waren Einzelabsprachen über Urlaubstage den Tarifpartnern überlassen, wobei die auf Landesebene vorgeschriebenen zwölf Tage Mindesturlaub teilweise in Einzelverträgen auch überschritten wurden. 1959 brachte Hans-Jürgen Wischnewski, seinerzeit Gewerkschaftsmitglied und Bundestagsabgeordneter, den Entwurf eines Bundesurlaubsgesetzes vor, der eine Verlängerung des gesetzlich festgelegten Mindesturlaubs auf 18 Tage vorschlug. Dem war eine Äußerung des Bundesarbeitsministers Theodor Blank vorausgegangen, der Mindesturlaub von zwölf Arbeitstagen sei aufgrund der Belastung der Arbeitnehmer überholt. Auch Mediziner sprachen sich für eine Verlängerung aus. Das Bundesurlaubsgesetz trat dann 1963 in Kraft. In tariflichen Verträgen stieg der Urlaubsanspruch schrittweise weiter an.
Seit den 1950er Jahren auch wurde verstärkt auf Arbeitsschutzkleidung geachtet. In Manteltarifverträgen wurde festgelegt, bei welchen Arbeiten auf Kosten des Betriebes Schutzkleidung zu stellen war.

hatten wir ja noch zwölf Tage Tarifurlaub. Mehr war da nicht drin. Das hat nachher so ein bisschen die Gewerkschaft erkämpft, da hat sich das dann immer weiter staffelweise erhöht.

Ein trauriges Ereignis hatten wir im Kesselhaus mit zwei tödlich verunglückten Kollegen. Es war, glaube ich, Anfang 1960: Der Dampfsammler im Aschenkeller ist geplatzt. Die Männer sind von 400 °C heißem Dampf bei 28 Atü verbrüht worden und waren sofort tot. Aloys hat den Sammler wieder geschweißt.

Es gab auf der Zeche gute, aber auch schlechte Schichten. Schlechte Schichten gab es dann, wenn man in der Wäsche zu viel Bergematerial ins Mittelprodukt gemischt hatte. Einmal ist dadurch sogar in drei Kesseln das Feuer ausgegangen. Danach haben sie zwei Tage lang fast 200 Tonnen reine Nusskohlen geschickt. Das hat gebrannt wie der Deibel, und es waren wieder gute Schichten.

Dann war da noch unser Original, Karlchen T. Der hat aus der Kantine übrig gebliebene Milch, Cola und Selters gemixt und gesoffen. Den Vielfraß Franz B. vom Bauhof gab es auch. Der hat damals oft die nicht aufgegessene Graupensuppe, manchmal einen halben Eimer voll, in der Lohnhalle verputzt.

Die Niederdruck-Kompressoren der Kraftanlage Zollvereins, Anfang der 1930er Jahre.

Die Zentralwerkstätten

Eitel Mantowski

Ich 1958 habe auf Zollverein Schacht 12 angefangen und dort in der Zentralwerkstatt als Hammerschmied gearbeitet. Als Handwerker aus der Werkstatt wurde ich zur Verstärkung in die Wäsche und zum Seilauflegen abberufen. Eigentlich wurden die Handwerker aus der Werkstatt überall eingesetzt, wo Leute gebraucht wurden. Die Schmiede der Werkstatt auf Schacht 12 wurden auf allen Schachtanlagen der Zeche Zollverein zum Seilauflegen und zu größeren Reparaturen eingesetzt.

Von 1972 bis 1989 war ich dann auf der Kokerei Zollverein.

Die Dreherei auf Zollverein Schacht 12 (1930er Jahre)

Auf Schacht 12 waren die beiden zentralen Werkstattgebäude untergebracht worden. Die mechanische Werkstatt war die größere und enthielt unter anderem die zentrale Schlosserei für Zollverein und war die erste fertiggestellte Halle auf dem Gelände. Die etwas kleinere Elektrowerkstatt beherbergte die Schweißerei und eine Klempnerei. Benötigte Ersatzteile wurden sehr lange auf dem Gelände selbst hergestellt und nicht von außerhalb eingekauft, was es zugleich erlaubte, unabhängig von der Industrienorm benötige Teile anzufertigen, individuell zu arbeiten und Ersatzteile anzupassen. Vor allem ab den 1970er Jahren wurden Maschinenteile zunehmend von außerhalb bestellt und die Wartungsarbeiten an Firmen weitergegeben.

Werkstatt und andere Einsatzorte *Eitel Mantowski*

Schachtanlagen und Großkokereien betrieben üblicherweise eigene Werkstätten. Die Werkstätten auf Schacht 12 hatten die Aufgabe, sich um alle Reparaturen und Neuanfertigungen zu kümmern, auch für den Untertagebetrieb. Man musste sich dort zunächst um das Arbeitsmaterial der Bergleute kümmern, unter der Woche waren die Handwerker also mit diesen Dingen beschäftigt. Es gehörte aber auch zu ihren Aufgaben, an den Wochenenden in den anderen Teilen des Betriebes zu arbeiten, die alle großen Reparaturen auf das Wochenende legten, weil an diesen Tagen die Kohleförderung ruhte.

Es gab eine Schlosserei und eine Dreherei. Der größere Teil bestand aus der Schmiede, dort befanden sich ursprünglich zwölf Schmiedefeuer, und

Links: Eitel Mantowski mit seinem Sohn Thomas an dem großen Maschinenhammer. Rechts: Die Schabotte des Maschinenhammers. Dieses Gegenstück des Hammers war zum größten Teil in die Erde eingelassen. Eitel Mantowski zeigt mit seiner Hand die ungefähre Höhe der Schabotte an, während Thomas Mantowski an dem Griff steht, mit dem dieser Schmiedehammer betätigt wurde.

außerdem zwei Maschinenhämmer. Der kleinere war ein Schnellschlaghammer, der größere ein Einzelschlaghammer. Man kann den großen Hammer immer noch auf Zollverein sehen, im Gleisbereich neben der ehemaligen Lesebandhalle. Den dazugehörigen Amboss, die so genannte Schabotte, hat man ohne Zusammenhang heute unter die Sieberei gestellt. Dabei hat dieses Gerät so viel geleistet. Er hatte eine große Schlagkraft, war gut zu gebrauchen bei Richtarbeiten verbogener Eisenteile. Seine größte Leistung war das Anfertigen diverser Eisenteile für den Untertagebetrieb, dort wurden Rohrschellen in allen Größen gebraucht und Klauen – eine Art Klammern. Die Klauen wurden unter Tage unter die Ausbaubögen in den langen Strecken geschraubt. Zwischen Klaue und Rohrschelle befand sich eine Kette, daran hingen dann die Rohre. Diese Dinge– Klauen, Rohrschellen und anderes – wurden zu Hunderten bei den Zentralwerkstätten bestellt.

Material-Flussdiagramm
für die Zeit der Gefäßförderung

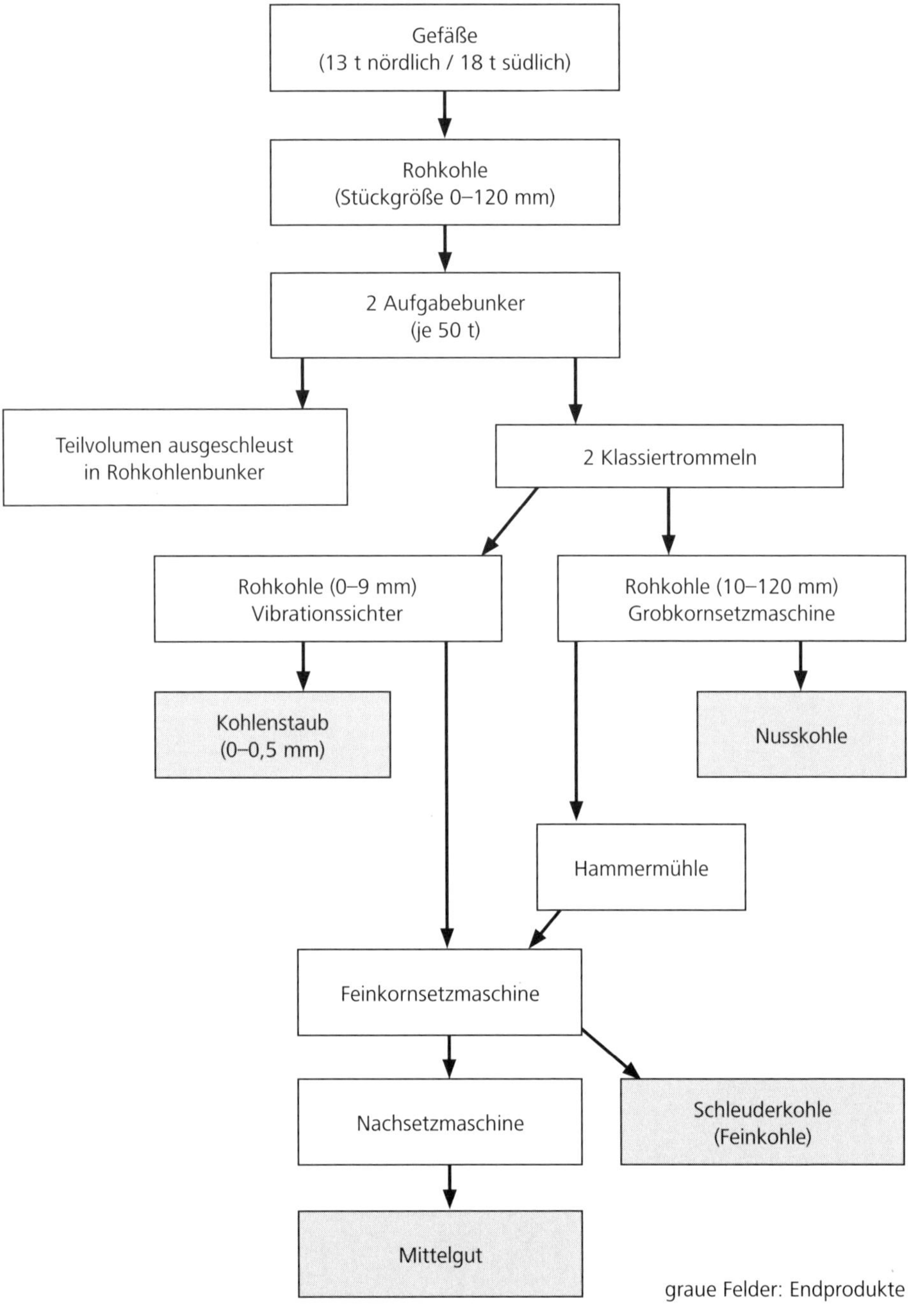

Wagenumlauf, Wipperhalle und Sieberei

Mehr als 40 Jahre Zollverein

Aloys Gabriel

Am 2. Mai 1938 habe ich als Lehrling auf Zollverein angefangen. Von März 1941 bis Februar 1943 war ich als Schlosser in der Kohlenwäsche tätig. Manchmal mussten defekte Bandrollen ausgewechselt, Getriebe repariert oder Schleißbleche in den Rutschen erneuert werden. Das waren alles Arbeiten, für die wir als Schlosser zuständig waren, damit der Betrieb ohne Unterbrechung weiterlaufen konnte.

1943 wurde ich zur Wehrmacht eingezogen und kam bis April 1945 an die Ostfront nach Russland. Bereits am 2. Mai 1945 habe ich wieder als Schlosser im Kesselhaus angefangen. Dort habe ich – nach der Schweißerprüfung – zunächst nur neue Rohrleitungen verlegt oder alte Rohrleitungen erneuert. Ich blieb dort bis 1951.

1951 wechselte ich in die Werkstatt-Schweißerei, die ich mit eingerichtet hatte. Mein Arbeitsbereich war die Instandhaltung der Luft-, Dampf- und Heizungsleitungen. Die Dampf- und Luftleitungen, die nach

Aloys Gabriel legt seine Hand auf einen sehr wichtigen Draht. Das war die „Not-Reißleine", mit der bei Gefahr die Förderbänder gestoppt werden konnten.

den Schächten 4/5/11 sowie 3/7/10 und 6/9 gingen, wurden von mir bis 1964 gewartet.

Anschließend wurde ich in die Sieberei übernommen, wo ich als Schlosser und Schweißer eingesetzt wurde. Dort im Förderbetrieb mussten die Handwerker und Helfer dafür sorgen, dass die geförderte Kohle vom Schacht zur Kohlenwäsche transportiert wurde. Auch für die Instandhaltung der Fördergefäße, Förderseile, Gurtbänder, Kettenbahnen, Brecher, Rutschen, Bandrollen und vieles mehr waren wir zuständig. Jede Störung musste immer sofort behoben werden, denn die Kohle musste pausenlos aus der Grube raus und zur Wäsche transportiert werden. Mal mussten entgleiste Förderwagen eingesetzt, Kupplungseinsätze erneuert oder Bandrollen ausgewechselt werden.

Einmal haben die Schachthauer von Schacht 2 bei einem Materialtransport den Förderkorb deformiert. Die untere Förderkorbhälfte musste sofort

In den 1930er Jahren war die voll automatisierte Entleerung der Förderwagen in der Wipperhalle auf dem technisch höchstem Stand. Von den etwa 60 Personen, die pro Schicht in den Bereichen Wipperhalle, Sieberei, Lesebandhalle und Schacht arbeiteten, betreute etwa nur ein Drittel der Belegschaft die gesamten Bereiche, in denen die Förderwagen entleert wurden, der größte Teil arbeitete an den Lesebändern und im Schachtbereich. Im Wagenumlauf, der Wipperhalle und der Sieberei waren daher pro Schicht nur 20 Personen.
Außerdem gehörte die Wipperhalle zu den lautesten Stationen der Aufbereitung. Pro Stunde durchfuhren etwa 1.000 Förderwagen das Schienensystem der Halle. Die Arbeitsdauer dort lag deshalb bis in die 1950er Jahre bei nur ein bis zwei Jahren – dadurch sollte das Gehör der Arbeiter vor völliger Taubheit geschützt bleiben, da es einen ausreichend wirksamen Gehörschutz damals noch nicht gab.
Wipperhalle und Sieberei gehören zu den Bereichen, die im Laufe der Zeit gravierenden Veränderungen unterworfen waren. Weil die Kohle ab den 1950er und 1960er Jahren zunehmend maschinell – mit Hilfe von Kohlehobeln – abgebaut wurde, stieg der Anteil an Gestein, an so genanntem Bergematerial. Vorher hatten die Bergleute von vornherein einen großen Teil der Berge unter Tage gelassen, nun bestand etwa die Hälfte der Rohkohle aus Bergematerial. Die tägliche Förderung von 12.000 Tonnen reiner Kohle wollte man jedoch halten, also musste die Fördermenge insgesamt erhöht werden, auf rund 24.000 Tonnen. Um das gewährleisten zu können, wurde das Fördersystem von der bisher genutzten Gestellförderung auf Gefäßförderung umgestellt. Der Grund dafür ist schlicht. Die Fördergestelle, oft Förderkörbe genannt, wurden mit zwölf Förderwagen beladen, die ein hohes Eigengewicht haben, sie wiegen jeweils etwa 600 kg und können ca. eine Tonne Material aufnehmen. Die Menge der geförderten Rohkohle lag also bei lediglich zwölf Tonnen pro Förderkorb. Stattdessen wurden nun Fördergefäße, so genannte Skips, eingesetzt, die bei geringerem Eigengewicht mehr Rohkohle fassten: und zwar 18 Tonnen bei der südlichen beziehungsweise 13 Tonnen bei der nördlichen Förderung. Bis auf einen geringen Teil der Kohle mit mehr als 120 Millimetern Durchmesser, der nach wie vor über kleine Lesebänder ging, gelangte die Rohkohle nun direkt zur Kohlenwäsche, wo die hauptsächliche Aufbereitung stattfand. Dadurch entfiel der Betrieb im Wagenumlauf, so dass große Bereiche dort ab diesem Zeitpunkt als Materiallager genutzt wurden.

Förderwagen und ein Hunt im Bereich des Bergebunkers, der im Hintergrund zu sehen ist. Rechts nach oben verläuft eine Kettenbahn mit den Mitnehmernasen, die die Förderwagen an den Achsen entweder ziehen oder abbremsen mussten.

ausgewechselt werden. Einige Handwerker und Helfer haben bis zur Fertigstellung 27 Stunden am Stück gearbeitet. Viele Jahre war ich dann als Vorarbeiter tätig, bis ich am 30. November 1980 in den Ruhestand („Anpassung“) gehen musste. 42 Jahre hatte ich bis dahin auf Zollverein gearbeitet.

Fünf Brüder und mein Vater waren in der Grube tätig. Mein Vater, Josef Gabriel, war bei dem großen Grubenunglück 1941 ums Leben gekommen. Insgesamt kamen damals 29 Bergleute um.

Artur Vierling

Ich habe 1958 auf der Zeche Zollverein auf Schacht 12 angefangen, vorher hatte ich als Kunst- und Bauschlosser bei anderen Firmen gearbeitet. Auf Zollverein war ich zunächst im Wagenumlauf beschäftigt, um den Betrieb kennenzulernen, und dann in der Schlosserei.

Artur Vierling im ehemaligen Schraubenlager: Hier liegen heute noch jede Menge Schrauben mit Durchmessern von 8 bis 20 mm, teilweise sogar 22 und 24 mm. Links auf dem Bock hängen noch einige Seil- und Luftzüge.

Die Arbeit auf der Zeche Zollverein war eine ganz andere als zuvor, schwerer und gefährlicher. Das ging vom Aufrichten umgestürzter oder entleerter Förderwagen bis zum Zusammenschlagen gerissener Ketten. Zum Beispiel die Kette von Schacht 12 hin zu Schacht 1, das ist eine Strecke von 300 Metern! Außerdem das Auswechseln von den in den Rutschen befindlichen Schleißblechen, Auswechseln von Ober- und Unterseilen auf den Schächten 1/2 und 12.

Auf der Zeche war gern alles anders. Das bekam ich zu spüren, als ich zwei Bleche zusammenschweißen wollte. Bei den anderen Firmen konnte schweißen, wer wollte und es konnte. Hier durften nur die schweißen, die einen Brenn- und Schweißschein hatten, der jeden Morgen erneuert wurde. Also konnte ich erst einmal alles wieder weglegen.

Wir als Schlosser der Sieberei hatten den gesamten Förderbetrieb der Schächte 1/2 und 12 auf Zollverein zu betreuen. Hier muss ich meine Kollegen erwähnen, die mich am Anfang unterstützt haben. Nach der Schließung von Zollverein wurde ich am 1. Juni 1988 auf die Zeche Westerholt verlegt. Doch nach einiger Zeit bekam ich einen Brief, der mich

Aloys Gabriel und Artur Vierling vor den Sauerstoff- und Acetylen-Flaschen in der Werkstatt der Sieberei. Zum Schweißen und Brennen waren besondere Scheine notwendig, die jeden Morgen erneuert werden mussten.

zur Zeche Zollverein zurückbeorderte. Ich sollte helfen, die Abrüstungsarbeiten durchführen. Im Oktober 1989 musste ich wieder nach Westerholt zurück und am 30. März 1990 habe ich dann meine letzte Schicht auf Westerholt gefahren.

Trotz der harten Arbeit, wenn man auch einige Male sechzehn Stunden und länger gearbeitet hat, hatte ich Zeit für meine Hobbys. Seit 1961 war ich insgesamt 45 Jahre als Fußballschiedsrichter tätig und habe selbst noch Fußball gespielt sowie mit 38 Jahren noch das Trompetespielen im evangelischen Bläserchor gelernt.

Gleisplan für den Wagenumlauf im Bereich der Wipperhalle und die Anbindung der Schächte 1 und 2

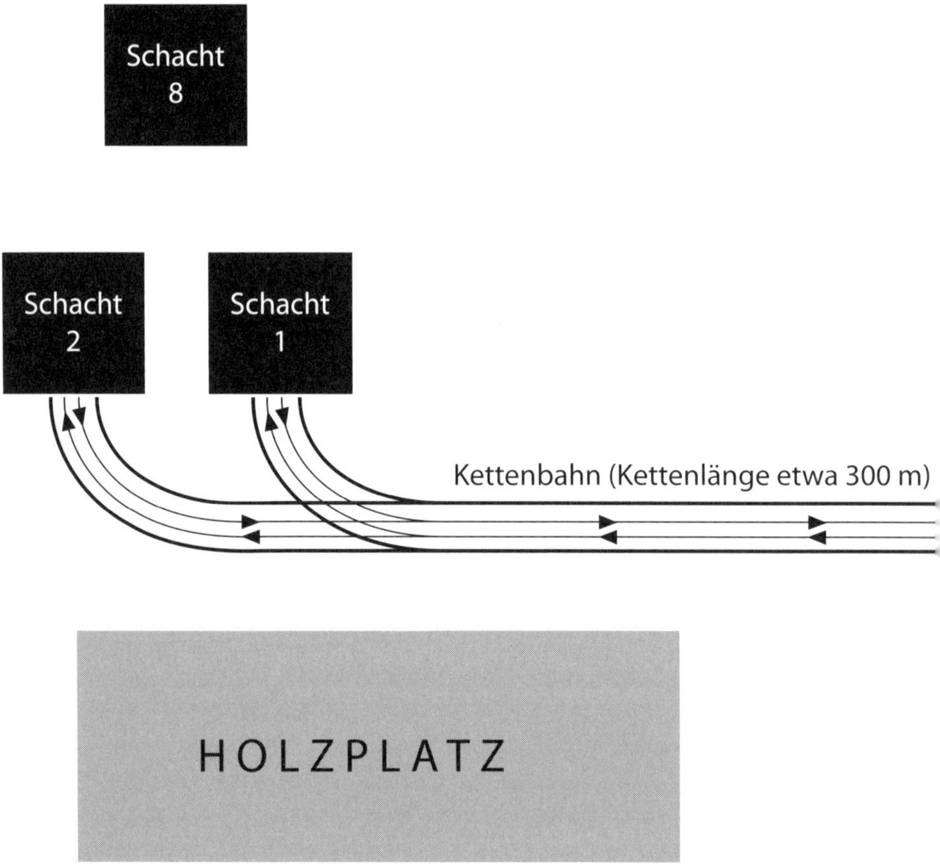

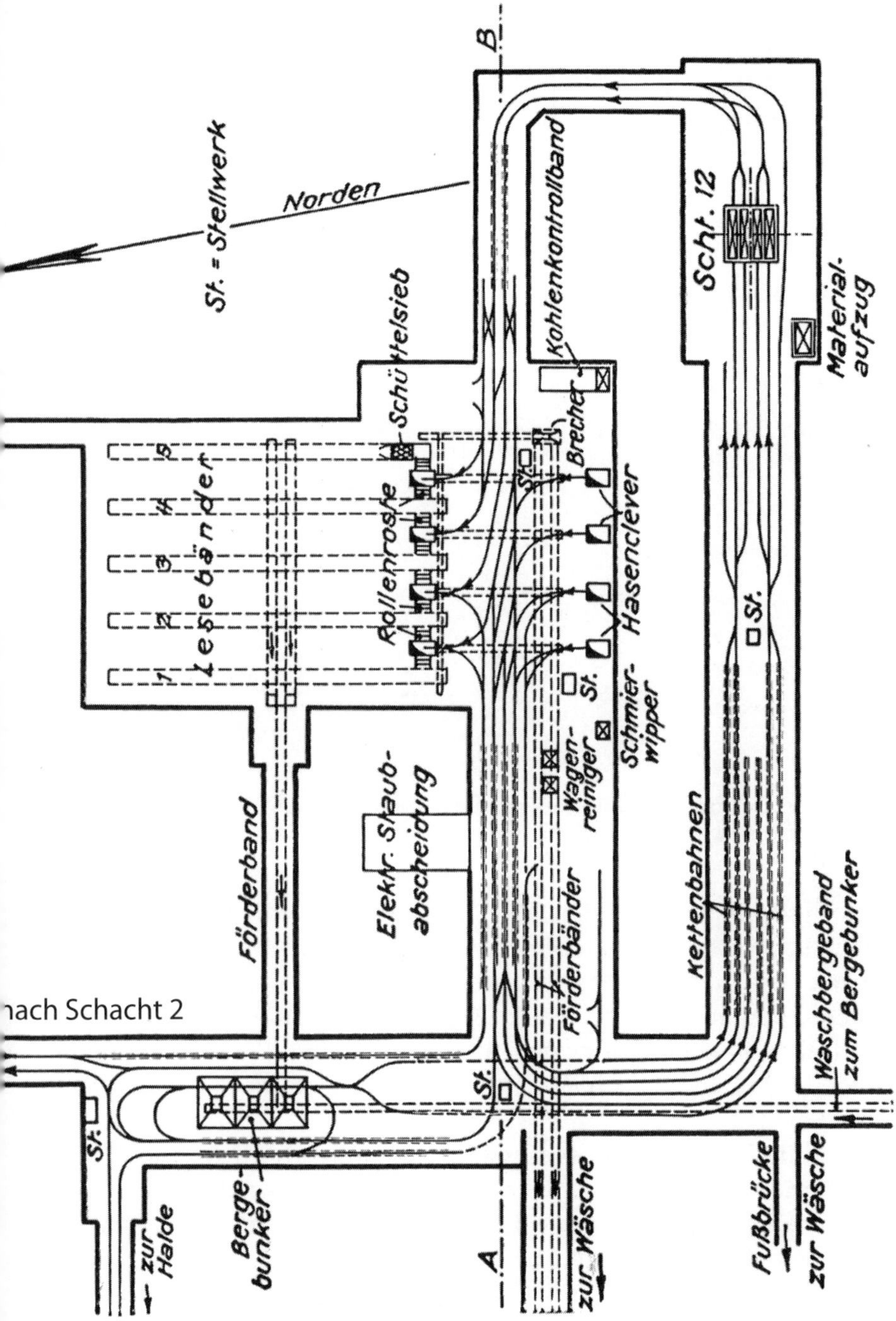
St. = Stellwerk
Norden
B
Schüttelsieb
Kohlenkontrollband
Scht. 12
Material-
aufzug
Brecher
St.
Lesebänder
1
2
3
4
5
Rollenroste
Hasenclever
St.
Schmier-
wipper
Wagen-
reiniger
Elektr. Staub-
abscheidung
Förderband
Förderbänder
Kettenbahnen
Waschbergeband
zum Bergebunker
nach Schacht 2
St.
St.
Berge-
bunker
zur
Halde
A
zur Wäsche
Fußbrücke
zur Wäsche

Die Zeit der Gestellförderung
Wagenumlauf, Wipperhalle und Leseband

Artur Vierling

Die mit Kohle beladenen Förderwagen kamen vom Schacht – etwa 1.000 in der Stunde – durch den Wagenumlauf mit einer Kettenbahn in die Wipperhalle und wurden dort in so genannten Hasenclevern ausgekippt. Diese Hasenclever kann man auch als „Förderwagenkippvorrichtung“ bezeichnen.

Blick in die Wipperhalle. Rechts und links sind die Einfahrten zu den Kopfkippern („Hasenclever“) zu sehen, in denen die Förderwagen gekippt wurden.

Es gab eine Endloskette, die zum Teil mit einer Art Hörnern, so genannten Mitnehmern, versehen war. Die Förderwagen wurden von diesen Hörnen zwischen den Achsen gefasst, weitergezogen und dann durch Kippen zum Ausleeren gebracht (rechts im Bild). Dann fuhren die Wagen kopfüber unter dem Hallenboden entlang zur anderen Seite der Wipperhalle, kamen dort leer wieder herauf (links im Bild) und fuhren über das Schienensystem wieder zum Schacht.

Und wehe, die Kette war gerissen, dann war Holland in Not. Die Förderwagen stauten sich sofort bis zum Schacht und Fördern war nicht mehr möglich. Wir Schlosser hatten dann alle Hände voll zu tun. Dann war plötzlich alles, was Rang und Namen hatte, zur Stelle, und man wurde nervös, weil es ja schnell gehen musste. Es soll vorgekommen sein, dass ein Kollege Hammer und Meißel in die Ecke geschmissen und geheult hat. So hoch war der Druck.

Die Kohle wurde nach dem Auskippen auf einen Rollenrost entladen. Große Stücke mit über 80 Millimeter Durchmesser wurden zur Leseband-

Aloys Gabriel, Eitel Mantowski, Alfred Gladt und Artur Vierling in der ehemaligen Wipperhalle. Heute ist sie fast ganz leer. Als hier noch die Förderwagen entleert wurden, herrschte Hochbetrieb. Die Förderwagen kamen im Sekunden-Rhythmus durch den Wagenumlauf vom Schacht.

In der Rohkohle befand sich nicht nur Bergematerial, sondern regelmäßig auch Arbeitsmaterial von unter Tage: Räder, Schienenstücke und Teile des Stahlausbaus. Hier sieht man eine Sammlung der Fundstücke vom Leseband aus dem Jahr 1953. Über die Lesebänder ging Rohkohle mit einem Durchmesser größer als 80 mm.

Artur Vierling und Alfred Gladt im Wagenumlauf. Hier wurden die Förderwagen zum Berge-Kipper (❶) geleitet. Weil die Kurve vorne rechts für die Wagen zu eng war und die Wagen so gebremst wurden, wurde eine Drehscheibe (❷) eingebaut, auf der die Wagen weitergeleitet wurden.

halle transportiert. Dort wurde das Restmaterial, das zwischen der Kohle war, an fünf langen Lesebänden per Hand aussortiert. Die kleineren Stücke gingen in die Kohlenwäsche, dort wurde maschinell weitersortiert.

Kohlenstaub hatten wir auch über Tage zu genüge. Um an einige Rutschen zu gelangen und dort defekte Schleißbleche zu erneuern, musste ich, da ich zu diesem Zeitpunkt der Jüngste war, über ein Transportband robben. Das Band war mit einer Haube abgedeckt. Ich bin ungefähr drei Meter weit gerobbt, da ertönte ein ohrenbetäubender Lärm. Die Kollegen vom Kohleabbau haben mit einem Hammer auf die Haube geschlagen, sodass der ganze Staub, der sich dort angesammelt hatte, auf mich fiel – nun sah ich auch nicht besser aus als die Kumpel vom Kohleabbau!

Das Auswechseln der Schleißbleche war anstrengend, weil wir teilweise auf Knien oder auf dem Bauch liegend arbeiten mussten. Es gab auch leichtere Arbeiten, zum Beispiel an den Weichen und Bremsen, das Reparieren aber ging ins Kreuz und in die Knie.

An der Ablaufseite von Schacht 12 waren zwei Ketten in Betrieb, und das waren die schlimmsten. Die Kettenbahn 12 schob die Förderwagen nach oben, und die 13 hielt die Wagen zurück, weil das Gefälle zu stark war und die Wagen sonst in der Kurve rausgeflogen wären.

Wenn eine dieser Ketten gerissen war, dann standen uns die Haare zu Berge. Warum? Weil eine Seite abgedeckt und die andere Seite offen war. An der offenen Seite konnte man sehen, wo der Riss war, aber an der abgedeckten Seite sah man nichts! Im unteren Kettenbett waren einige Stellen freigelassen, um nachfühlen zu können, ob die Kette noch vorhanden war oder nicht. Konnte man die Kette fühlen, war sie an der Stelle nicht gerissen. Aber oft musste man die Abdeckung abnehmen, um die Stelle zu finden. Waren es ein oder zwei Abdeckungen, hatte man Glück. Wenn man Pech hatte, musste man sechs, sieben oder mehr Abdeckungen entfernen, und bei

„Da ist nichts mehr drin ...!" – In diesen Holzschränken wurde nicht nur Werkzeug oder die Arbeitsanzüge gelagert, sondern ab und an auch etwas „Flüssiges" ...

einem Gewicht von circa drei Zentnern und in gebückter Haltung war das nicht ganz einfach.

Von „Oben" hieß es: „Dann arbeitet mal schön und seht zu, dass ihr schnell fertig werdet!" Schmierfett und Dreck taten ihr Übriges. Steiger und Fahrsteiger und nicht ganz selten auch der Betriebsführer standen schon bereit, um zu fragen: „Wie lange dauert das denn noch?!"

Lohngruppe 11

Artur Vierling

Eine Kette war gerissen, eine sehr wichtige, und Eile war wie immer geboten. Es war die Zeit, in der die Lohngruppen eingeführt wurden. Die Lohngruppe 11 war die höchste über Tage. Der Vorarbeiter, der mit uns drei Mann die Kette reparieren musste, wollte – koste es, was es wolle – in die Lohngruppe 11. Darauf hat er uns unverhohlen aufmerksam gemacht, uns angeschrien und zur Sau gemacht, wir seien faule Säcke, und: „Ich will in Gruppe 11, und ihr zieht mit, sonst trete ich euch alle in den Arsch!"

Das haben wir uns natürlich nicht gefallen lassen und haben ihn ungefähr fünfzehn Minuten allein gelassen. Das hat ihm allerdings auch nicht gefallen, und alleine hätte er die Kette auch nicht zusammenbekommen! Da hat er eingesehen, dass er Unrecht hatte, hat uns geholt, sich entschuldigt, und die Kette war nach einiger Zeit in Zusammenarbeit wieder betriebsbereit.

Reparatur der Kettenbahn von Schacht 1/2 zum Zentralschacht 12

Eitel Mantowski

Eine dieser Kettenbahnen steht auf gesamter Länge einige Meter oberhalb des Zechenbahnhofs frei, auch heute kann man sie zum größten Teil noch sehen und begehen. Reparaturen daran waren auch im Winter unumgänglich, das verstand jeder von uns. Abgesehen davon konnte jeder das Überschichtengeld gut gebrauchen. Bei der Reparatur waren wir die ganze Schicht – mit Ausnahme einer kurzen Pause – dem beißenden Wind und der eisigen Kälte ausgesetzt. Warm wurde ich erst wieder, wenn ich in der Kaue unter der Dusche stand. Im kleinen Kreis gingen meine Kollegen und ich anschließend zu dem dicken Wirt Willi, zum Schalter der Kneipe, um einen halben Schoppen und ein Bier zu trinken. Ich weiß nicht, wie man von einer solch kleinen Menge Alkohol so schnell blau werden kann … Aber mir ging es nicht alleine so.

Ein Teil der Kettenbahn, die Schacht 12 mit den Schächten 1/2/8 verbindet. Ein Elektromotor mit einem vorgeschalteten Getriebe ❶ trieb mit der Antriebskette ❷ eine Mitnehmerkette ❸ an. Diese musste die Kohlewagen entweder bergauf schieben oder – bei zuviel Gefälle – abbremsen.

Die Zeit der Gefäßförderung: Die Sieberei

Artur Vierling

1959 Jahre wurde die Fördermaschine Süd auf die so genannte Skip-Förderung umgestellt, die die Förderkörbe mit den einzelnen Förderwagen ersetzte, und acht Jahre später hatten auch die Körbe auf der nördlichen Seite ausgedient. Damit fielen die Förderwagen schon mal weg. Die sehr großen Kohlestücke waren früher vor allem für Dampflokomotiven verwendet worden. Dort wurden sie inzwischen kaum noch gebraucht, und die Arbeit in der Lesebandhalle wurde 1966 eingestellt.

Artur Vierling vor der Schalttafel, mit der die Förderbänder, Lesebänder und Brecher sowie die Klassiersiebe gesteuert wurden. Man konnte die einzelnen Maschinen auch direkt von Hand an- und ausschalten. Einer der Schalter dafür ist rechts an dem Träger zu erkennen.

Um die Kohle zur Wäsche entlassen zu können, musste sie jetzt gesiebt werden. Ab dem Zeitpunkt wurden Klassiersiebe eingesetzt, etwa sechs Meter lang und zwei Meter breit. Auf den Lieferrahmen waren Lochbleche aufgenietet, die mit Löchern von 80, beziehungsweise 120 Millimetern Durchmesser versehen waren. Waren die Bleche verschlissen, zum Beispiel die Löcher zu groß geworden, wurden die Lieferrahmen ausgewechselt. Was es bedeutet, einen ungefähr vier Zentner schweren Rahmen bei einer Arbeitshöhe von 70 Zentimetern auszuwechseln, kann man sich nicht vorstellen, wenn man es nie selbst gemacht hat! Das war nur in gebückter Haltung oder auf den Knien möglich.

Das kleinere Material, das durch die Klassiersiebe ging, wurde sofort zur Wäsche transportiert. Die sehr großen Kohlestücke aber wurden nach wie vor an kleinen Lesebändern aussortiert, große Bergestücke kamen nun in Brecher. Die ersten Brecher waren Schlägelbrecher, sie waren aber nicht so durchschlagkräftig wie die Walzenbrecher danach: Das waren zwei gegenläufige Walzen, die mit Zahnsegmenten belegt waren.

Bergeverladung im Bahnhof der Sieberei: Der Bergeanteil betrug zwischen 40 und 50 % der Rohkohlenförderung, seitdem unter Tage zunehmend Abbaumaschinen eingesetzt wurden und die Kohle nicht mehr mit dem Abbauhammer gewonnen wurde, wobei die Bergleute noch einen großen Teil der Berge unter Tage gelassen hatten.

Wenn die Zähne abgenutzt waren, wurden beide Walzen ausgewechselt. Man hatte zwar versucht, die Zähne im eingebauten Zustand aufzuschweißen, aber das war zu schwierig und dauerte zu lange. Man ließ also auswechseln – aber was das für eine Arbeit war, die mit Antriebsrad und Lager versehenen acht Tonnen schweren Walzen zu wechseln! Das war enorm. Die Vorbereitungen begannen schon Mitte der Woche, und für das Auswechseln

Eine ausgebaute Brecherwalze, die Keilriemenscheibe dazu ist im Hintergrund zu sehen. Es ist gut zu erkennen, dass sie aus mehrere Segmenten besteht, die einzeln ausgetauscht werden konnten, wenn zuviele Zähne abgenutzt waren. Zum Austauschen wurden die Schrauben, die vorne zu sehen sind, mit dem Schweißbrenner abgebrannt und dann die Segmente zur Schweißerei transportiert, wo neue Zähne mit der richtigen Höhe wieder aufgeschweißt wurden.

war immer das gesamte Wochenende eingeplant. Die ausgebauten Brecherwalzen wurden mit Hilfe eines 10-Tonnen-Luftzuges, den ich in zehn bis zwölf Metern Höhe aufhängen musste, mit beiden Lagern auf Holzböcke gestellt. Die Schrauben wurden abgebrannt und dann die einzelnen Segmente zur Schweißerei transportiert, zum Aufschweißen der abgenutzten Zähne. Danach mussten die Reserve-Segmente auf die jetzt nackte Trommel aufgesetzt und die Schrauben mit einem 55er Maulschlüssel festgezogen werden. Mit Hilfe eines zwei Meter langen Rohres, das auf den Schlüssel aufgesetzt wurde, würde es funktionieren, dachten wir – falsch gedacht! Wir versuchten es stattdessen mit einem 55er Schlagschlüssel und einem Vorhammer, und jetzt lief es so: Hatte man drei bis vier, höchstens fünf Schrauben festgeschlagen, war man auch „geschlagen“.

Artur Vierling, Aloys Gabriel und Alfred Gladt an einem der Antriebe für die Brecher. Um an die Keilriemen, die ganz links unter dem Schutzgitter laufen, heranzukommen, musste der gesamte Antrieb abgezogen werden. Dazu mussten die beiden Spannschrauben (eine ist unten am Bildrand in der Mitte zu erkennen) gelöst werden.

Wir aus der Sieberei waren ebenfalls auch für Arbeiten am Schacht zuständig, je nachdem, was anstand. Die Arbeit an den Brechern und ähnliche Tätigkeiten waren zwar anstrengend, aber nicht so gefährlich wie das Auswechseln der Seile im Schacht. Ein Fehltritt und es konnte aus sein. Also war große Vorsicht geboten. Meist Freitagnachts begannen wir mit dem Auswechseln der Oberseile. Wenn alles gut geklappt hat, waren wir sonntags gegen Nachmittag fertig. Alle waren froh, die Arbeit gut und ohne Verluste überstanden und beendet zu haben.

Artur Vierling an einem der beiden Antriebe mit den dazugehörigen Keilriemen, die unter einer Gitterschutzhaube liefen. Jede der Walzen hatte einen eigenen Antrieb. Rechts das Getriebe mit dem Ölstandsglas vorne. Hier musste ständig der Ölstand des Getriebes kontrolliert werden.

Schimanski

Artur Vierling

Einmal wurde auch ein „Tatort"-Krimi auf Zollverein gedreht. Da kam Schimanski, also Götz George, mit seinem Gefolge und wollte einen großen Schraubenschlüssel und einen Vorschlaghammer haben. Die haben wir ihm auch gegeben, aber nicht ohne beide Teile kräftig von oben bis unten mit altem Fett einzuschmieren. Er hat zwar böse geguckt, hat die Sachen aber genommen und sie auch wieder zurückgebracht.

Artur Vierling in seiner ehemaligen Werkstatt: Vorne auf der Werkbank liegen zwei der 55er-Schlagschlüssel zum Anziehen der Brechersegmente. Diese konnten nur mit Hammerschlägen auf die Verdickung am Schlüsselgriff ausreichend fest angezogen und entsprechend auch wieder gelöst werden.

Die Kohlenwäsche

Vom Lehrling zum Reviersteiger

Ewald Waschkowski

1932 wurde ich als Sohn des Bergmanns Friederich Waschkowski und seiner Ehefrau Erna in Essen geboren. Nach dem Volksschulbesuch setzte 1946 sofort meine Ausbildung als Maschinenschlosser auf der Zeche Zollverein Schacht 12 ein. Nach drei Jahren als Lehrling und dem Besuch der Fachklasse für Maschinenschlosser an der Industrieberufsschule legte ich 1949 die Prüfung als Schlossergeselle ab. Bis November 1952 habe ich in der Werkstatt der Zeche Zollverein meine Kenntnisse insbesondere von Getrieben und Pumpen, Antriebs- und Aufbereitungsapparaten erweitert. Durch meine Verlegung in die Aufbereitung ab 1953 eignete ich mir auch noch die Erfahrungen des Betriebsschlossers an und konnte mich mit den Aufgaben des Aufbereiters, mit der Betriebsüberwachung sowie dem Einstellen und Kontrollieren von Aufbereitungsmaschinen vertraut machen, sodass ich im April 1960 zum Vorarbeiter mit Schichtaufsicht in der Aufbereitung ernannt wurde. Ab 1965 war ich als Schichtsteiger in der Aufbereitung der Kohlenwäsche tätig. Seit 1974 war ich berechtigt, den Reviersteiger zu ver-

**Eine Grobkornsetzmaschine mit einer hydraulischen Setzbettanzeige.
Die Leistung der Setzmaschinen betrug 500 Tonnen Rohkohle pro System und Stunde.**

treten. 1985 schließlich wurde ich selbst Reviersteiger in der Kohlenwäsche und führte diese Tätigkeit bis 1987 aus. Am 31. August 1987 ging ich in den Vorruhestand.

Auch in der Kohlenwäsche machte sich die erhöhte Fördermenge bemerkbar, und zwar vor allem im stärkeren Verschleiß der Maschinen, die nur auf eine geringere Belastung ausgelegt worden waren. Die Kohlenwäsche gehörte zu den Teilen den Anlage, in denen der technischen Entwicklung wiederholt Rechnung getragen wurde. Ein Beispiel dafür ist die Entstaubung der Feinkohle. Zuletzt waren zu diesem Zweck Kreiselsichter im Einsatz, die die Vibrosichter und Zyklone ablösten.

Heinz-Jürgen Spahn

Als ich 1955 mit vierzehn Jahren aus der Schule kam, begann ich eine Lehre als Schweißer bei einer Firma auf der Katernberger Straße, der heutigen Arendahls Wiese. Drei Jahre Lehre, Mannomann – naja, man sagt ja immer: Lehrjahre sind keine Herrenjahre. Des Öfteren haben wir mal ein paar in den Nacken oder einen Fuß vor den Hintern bekommen. Als ich 1959 meinen Gesellenbrief als Schmelzschweißer in der Hand hatte, ging die Schweißerei erst richtig los. Wir bauten viele Teile für die Kokerei Zollverein, die zu dieser Zeit im Aufbau war. Auch ich war dort für „meine" Firma tätig und habe im Feld Rohrleitungen legen und schweißen müssen.

Aber dann hatte ich davon genug und habe nach kurzer Überlegung 1960 auf der Zeche Zollverein angefangen, und zwar im Lokschuppen als Schweißer beziehungsweise Handwerker. Ich musste dann noch achtzehn Monate zum Militär. Als diese Zeit vorbei war, bin ich dann doch nicht zur Polizei gegangen – was ich eigentlich vorgehabt hatte, sondern habe auf Anraten meines Vaters, der damals Betriebsschreiber war, in der Aufbereitung der Zeche Zollverein angefangen. Dort war ich dann vom 2. Januar 1966 bis 1986 – also zwanzig Jahre „Kohlenwäscher".

Da ging es erstmal richtig los. Ob ich ein guter Handwerker war, weiß ich nicht, denn für mich war das ja alles Neuland. Ich musste noch sehr, sehr viel lernen. Ein neues Umfeld, neue Arbeitskollegen, neue Steiger und ein anderer Lebensstil. Zu der Zeit war ich bereits verheiratet, und diese blöde Wechselschicht – Morgen-, Mittags- und Nachtschicht – passte mir und meiner Familie nicht so richtig. Am meisten hasste ich die Nachtschicht. Aber in all den Monaten und Jahren bekam man auch das in den Griff. Ich glaube, es hat sich gelohnt. Mit 28 Jahren wurde ich zum Handwerksvorarbeiter.

Ich habe zwanzig Jahre in der Aufbereitung der Zeche Zollverein überlebt, manche haben mehr, andere nicht so viele Jahre gemacht. Der eine hat es gut, der andere vielleicht nicht so gut überlebt. Aber wir haben es bis zur letzten Schicht gepackt. Das war damals der 23. Dezember 1986, und da war für uns Schluss. Einige Leute haben damals ganz aufgehört zu arbeiten und sind in den Vorruhestand oder in Rente gegangen, manche wurden auf andere Schachtanlagen oder zur Kokerei Zollverein verlegt. Meine Person musste noch vom 2. Januar 1987 bis zum Vorruhestand im September 1993 zur Schachtanlage Hugo in Gelsenkirchen.

Ich möchte aber noch einen Dank loswerden, in Bezug auf etwas, was vielen vielleicht gar nicht so bewusst ist. Dieser Dank soll meiner Frau und meiner Familie gelten und auch im Namen aller Kollegen an ihre Familien gehen. Denn ich glaube nicht, dass in den Familien, nach all den Jahren der Arbeit, nur Frieden und Freude war. Die Frauen haben, und das habe ich bei so einigen gesehen, viel dazu beigetragen, dass wir stolzen Hauptes das alles überstanden haben.

Somit hoffe ich, als Handwerker, Vorarbeiter oder „Waschbär", wie man uns Kohlenwäscheleute auch nannte, einen kleinen Beitrag geleistet zu haben.

Mit freundlichem Gruß und Glück Auf

Euer Heinz Spahn

Detlev Spahn

Nachdem ich von 1957 bis 1960 eine Ausbildung zum Stahlbauschlosser gemacht hatte, fing ich am 5. Mai 1960 auf Zollverein Schacht 12 im Lokschuppen an. Ab 1962 war ich in der Aufbereitung – in der Kohlenwäsche – tätig, schließlich wurde ich Handwerksvorarbeiter. Nach der Stilllegung von Zollverein 1986 habe ich noch zehn Jahre auf der Zeche Hugo in Gelsenkirchen gearbeitet. Auch dort war ich Handwerksvorarbeiter in der Aufbereitung.

Die Kohlenwäsche*

Die Aufbereitung über Tage macht aus Rohkohle ein verkaufsfertiges Produkt. Die Kohlenwäsche war das Kernstück der Aufbereitung der Zeche Zollverein. Hauptaufgaben der maschinellen Aufbereitung in der Kohlenwäsche sind die Klassierung der Kohle in verschiedene Korngrößen und die Sortierung von Kohle und Bergematerial. Die Maschinen befanden sich auf Bühnen in unterschiedlichen Höhen, oft konnte das Material von einer Bühne zur nächsten fallengelassen werden – man nutzte somit zum Transport die Schwerkraft. Im Folgenden wird der seit den 1970er Jahren gültige Zustand der Kohlenwäsche zusammengefasst.

Die Rohkohle wurde auf langen Förderbändern (1a; die Nummern in diesem Kapitel beziehen sich auf die Abbildung auf den Seiten 106 bis 109) in die Kohlenwäsche transportiert, zunächst auf die 40-m-Bühne. Von dort fiel sie in kleine Aufgabebunker (2), die jeweils 50 Tonnen fassten. Diese

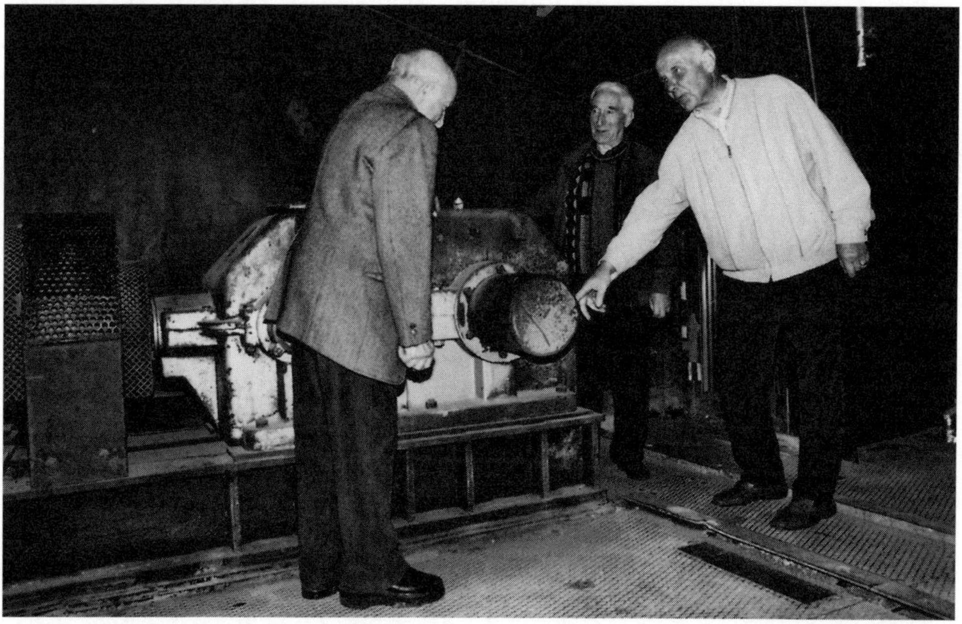

Aloys Gabriel, Arthur Vierling und Alfred Gladt (von links) stehen neben einem der beiden Antriebe für die Rohkohlenförderbänder auf der 40-m-Bühne in der Kohlenwäsche. Der Bereich der Sieberei-Handwerker erstreckt sich von den Schächten 1/2 und 12 bis hinauf zur 40-m-Bühne der Kohlenwäsche.

* Für diesen Text bedanken wir uns bei Thomas Mantowski und Heinrich Hellwig, die den Produktionsablauf der Wäsche für uns zusammengefasst haben.

Bunker gewährleisteten als Zwischenstation einen kontinuierlichen Materialfluss zum nächsten Aufbereitungsschritt. Um einen längeren Stillstand der Wäsche bei Reparaturen überbrücken zu können, standen zusätzlich Rohkohlebunker (4) mit einem Fassungsvermögen von 3.000 Tonnen zur Verfügung, in die die ankommende Kohle gegebenenfalls umgeleitet werden konnte.

Aus den Aufgabebunkern gelangte die Rohkohle über Aufgabeplattenbänder (3) direkt in zwei Siebtrommeln (5) mit einem Durchmesser von 5,5 Metern auf der 30-m-Bühne. Zwei konische, rotierende Siebmäntel in jeder der Trommeln klassierten hier in Rohgrobkohle und Rohfeinkohle. Die Grobkohle mit einer Größe von mehr als zehn Millimetern durchwanderte die Siebe und rutschte durch Austragsöffnungen zur vorderen Seite heraus. Sie wurde nun direkt über Rutschen und Förderbänder zu Setzmaschinen (12) auf der 24-m-Bühne geleitet, um dort sortiert, also vom Bergematerial getrennt zu werden.

Korngrößen kleiner als zehn Millimeter fielen durch die Siebe, zunächst in große Feinkohlebunker auf der 17-m-Bühne (6). Diese Rohfeinkohle musste entstaubt werden, bevor sie ebenfalls in den Setzmaschinen sortiert werden konnte, und wurde daher mit Hilfe von Becherwerken zu Kreiselsichtern (8 und 9; die Zeichnung zeigt noch die Entstaubung mit Hilfe von Vibro-Sichtern und Staubzyklonen im Jahre 1958) transportiert und dort in einen Luftstrom gegeben. Dieser aufwärts gerichtete Strom nahm die Stäube, also Partikel kleiner als 0,5 mm mit, die dann oberhalb abgesaugt werden konnten. Die Feinkohle gelangte nun ebenfalls zur Sortierung in die Feinkornsetzmaschinen auf der 24-m-Bühne.

Die Sortierung von Kohle und Bergematerial in den Setzmaschinen fand nassmechanisch statt. Man nutzte die unterschiedliche Dichte der Materialien. Die deutlich leichtere Kohle hat eine Dichte von rund 1,4 Tonnen pro Kubikmeter, das schwerere Bergematerial liegt bei mehr als 1,9 Tonnen pro Kubikmeter. Das zu sortierende Material wurde in mit Wasser gefüllte Setzbecken gegeben. Das Wasser wurde mit Hilfe von Druckluftzylindern von unten durch die Setzsiebe gedrückt und dadurch in eine Wellenbewegung versetzt. Durch diese Wasserbewegung wurde das Material aufgewirbelt und setzte sich wiederholt ab, die schwereren Berge sanken dabei schneller ab als die leichtere Kohle. Das Material entmischte sich nach und nach. Die Kohle konzentrierte sich über dem Bergematerial und schwamm darüber hinweg, ein Wasserstrom zog sie aus dem Setzbecken. Das Bergematerial sammelte sich auf den Setzsieben, die regelmäßig in einem bestimmten Austragswinkel abgesenkt wurden, sodass das Bergematerial nach unten abgezogen werden konnte.

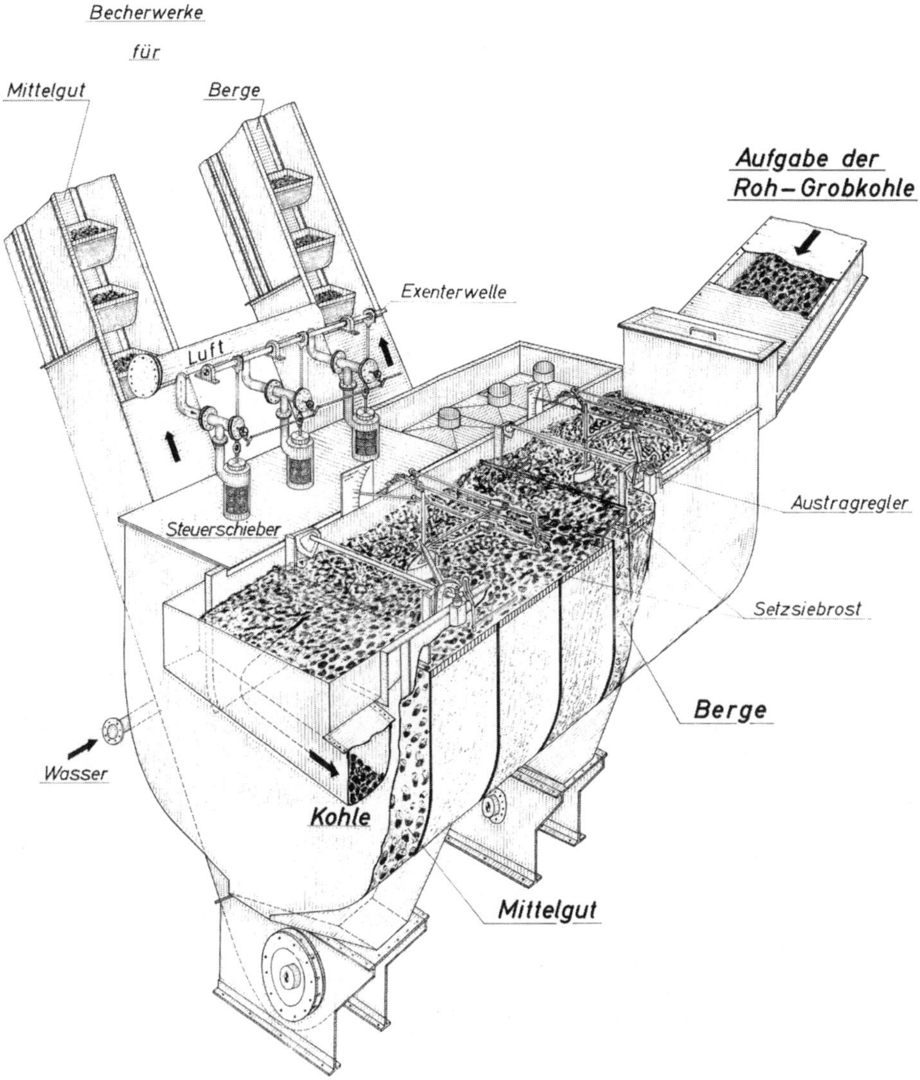

Setzmaschine für Grobkorn
luftgesteuert

Ist die Kohle mit Bergematerial verwachsen, liegt die Dichte der Stücke zwischen beiden zu trennenden Stoffen. Dieses Mittelgut führte man ebenfalls getrennt ab. Es wurde durch Hammermühlen geschickt, dort weiter aufgebrochen und in der Nachwaschsetzmaschine (19) noch einmal nachsortiert.

Die Grobkohle wurde nach der Sortierung zur Nusskohlenklassierung über Nachklassiersiebe (22) auf der 17-m-Bühne gegeben. Diese Siebe bestanden aus Lochblechen mit verschieden großen Öffnungen. Hier entstanden die Klassen Nuss 1 bis 4, die zum Beispiel an Industrieunternehmen wie

Waschwasserklärung auf dem Dach der Kohlenwäsche mit Blick in einen der drei Dorreindicker mit einem Durchmesser von 14 Metern und einem Volumen von 1.000 Kubikmetern

Schmieden oder Ziegeleien weitergegeben wurden. Die fertige Nusskohle wurde direkt aus dem Gebäude über Wendeln in Waggons verladen und abtransportiert (23–25).

Die Feinkohle wurde nach der Sortierung auf Siebhorden auf der 17-m-Bühne und weiterhin in Feinkohlenschleudern auf der 6-m-Bühne getrocknet. Auf der Zeichnung sind noch die früher verwendeten Feinkohlenentwässerungsstürme (30) zu sehen.

Das Wasser in den Setzbecken verschlammte immer wieder durch kleinste Partikel im Sortiergut. Zunächst gelangte das verschlammte Wasser auf das Dach der Kohlenwäsche, auf 40 Meter Höhe. Dort war in runden, offenen

Behältern mit einem Durchmesser von 14 Metern, in so genannten Dorreindickern (41) dem Wasser ein Sedimentationsbeschleuniger zugegeben, sodass sich die Partikel im Wasser schneller absetzten.

Die dabei entstandene Trübe wiederum kam zur Flotation (45) auf der 24-m-Bühne. Dort trennte man per Nassabscheidung die in der Trübe enthaltenen Partikel in Kohle- und Bergepartikel: Ein Schweröl wurde dem Wasser zugesetzt, das bewirkte, dass an den Kohlepartikeln Luftbläschen anhafteten, sie nun an die Wasseroberfläche trieben und dort abgeschöpft werden konnten, während die Bergepartikel zum Beckenboden sanken.

Der gewonnene Kohlenschlamm wurde jetzt zu so genannten Scheibenfiltern (46) auf der 17-m-Bühne geleitet. Auf die Scheibenfilter aufgetragen, wurde dem Kohlenschlamm das Wasser entzogen. Nun konnten die Bestandteile der späteren Kokskohlenmischung zusammengeführt werden. Der Kohlenstaub aus den Sichtern und die getrocknete Feinkohle wurden auf Transportbänder aufgetragen, und der Kohlenschlamm wurde in Erko-Mischern in kleinere Mengen zerschleudert und dann auf die Mischung aus Kohlenstaub und Feinkohle aufgetragen – fertig war das, was man als Kokskohle bezeichnet.

Die Kokskohle war das Hauptprodukt der Anlage und wurde entweder im Kokskohlenbunker (32) nahe der Kohlenwäsche gelagert und über Bahnanschlüsse zu den Abnehmern transportiert oder, seit der Inbetriebnahme der Zentralkokerei Zollverein 1961 in unmittelbarer Nachbarschaft zu Schacht 12, über lange Bandanlagen zur Koksherstellung direkt dorthin gebracht.

Arbeit in der Kohlenwäsche

Heinz Spahn

Von den Handwerksarbeiten, den Störungen, Reparaturen und Neuanfertigungen in der Wäsche zu berichten, ist gar nicht so einfach. Denn viele Dinge liefen anders als man glaubte und dachte. Bei kleineren Störungen ging es noch, sei es beim Wechseln der Kupplungseinsätzen von Pumpen oder bei Bandschieflauf, bei Berge- oder Staubrutschenverstopfungen, Keilriemenwechsel, defekten Rohrleitungen, die man mit einer Rohrschelle oder einem Holzpinn abdichtete. Man hatte dann Glück, wenn alles gut über die Bühne ging. Aber man musste auch schnell bei der Sache sein. Das richtige Werkzeug in der Werkzeugtasche, einen leichten Hubzug, Vorschlaghammer und Flaschenwagen mit Schläuchen und Brenner mitzuführen war nicht einfach – wenn man bei diesen anfallenden Störungen vom Bahnhof bis zur 30-m-Bühne oder dem Wäschedach musste! Na dann Prost! Man war dann erst mal platt, sah aus wie eine Sau, nass und dreckig.

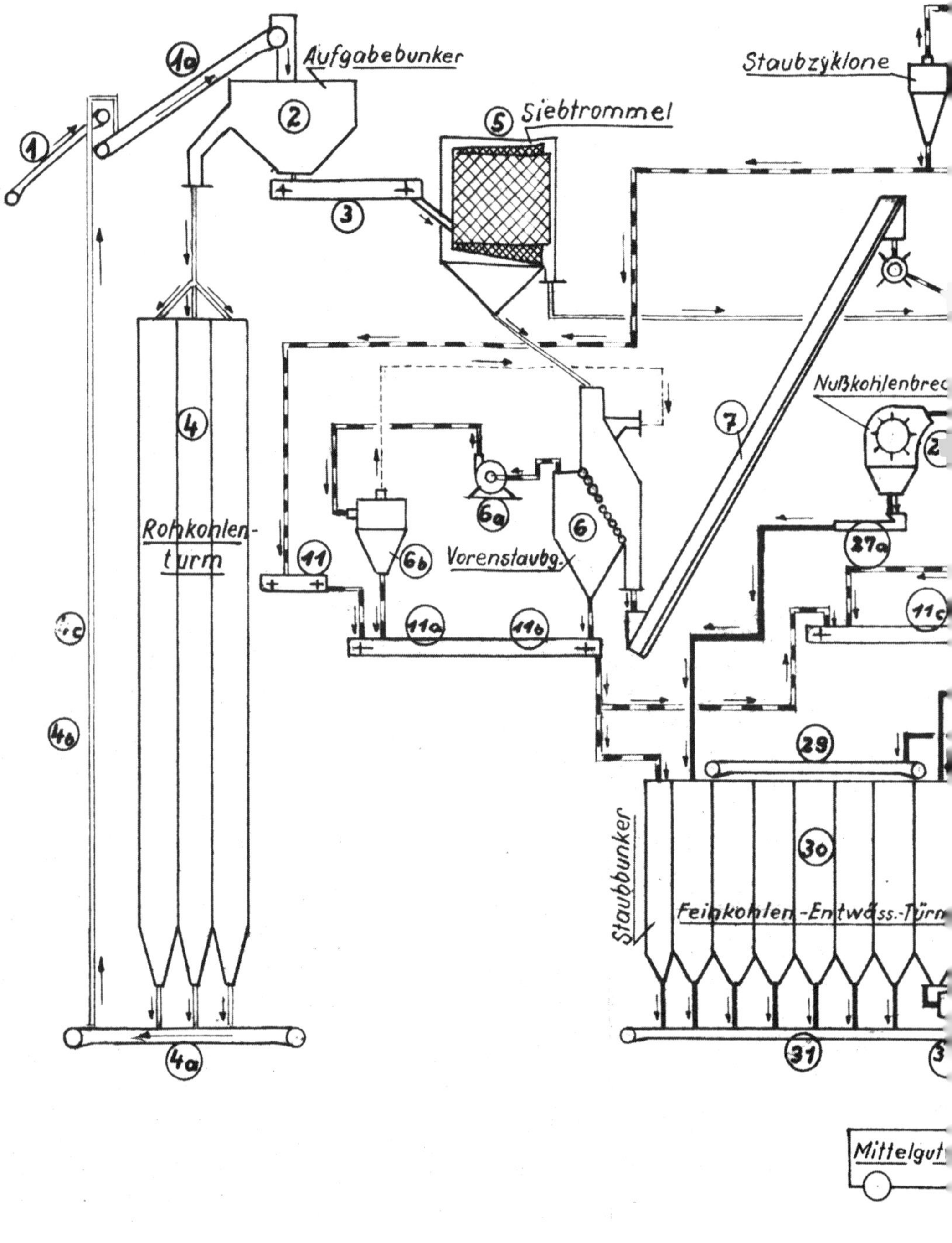
Aufgabebunker
Staubzyklone
Siebtrommel
Nußkohlenbrec
Rohkohlenturm
Vorenstaubg.
Staubbunker
Feinkohlen-Entwäss.-Türm
Mittelgut
1
1a
2
3
4
4a
4b
4c
5
6
6a
6b
7
11
11a
11b
11c
27a
29
30
31

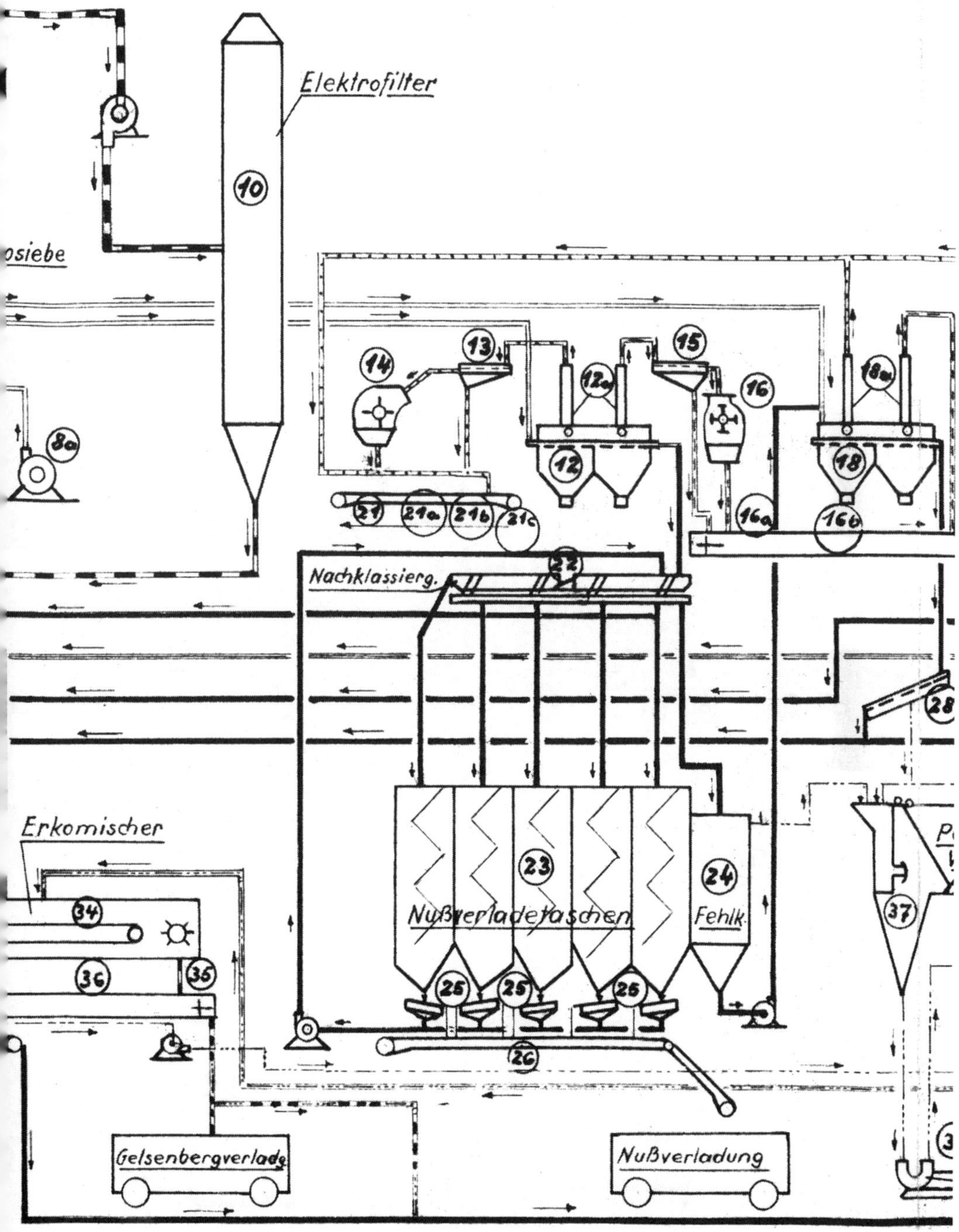
Elektrofilter
10
osiebe
8a
14
13
12a
15
16
18a
12
18
21
21a
21b
21c
16a
16b
22
Nachklassierg.
28
Erkomischer
34
36
35
23
24
Nußverladetaschen
Fehlk.
37
25
25
25
26
Gelsenbergverlade
Nußverladung

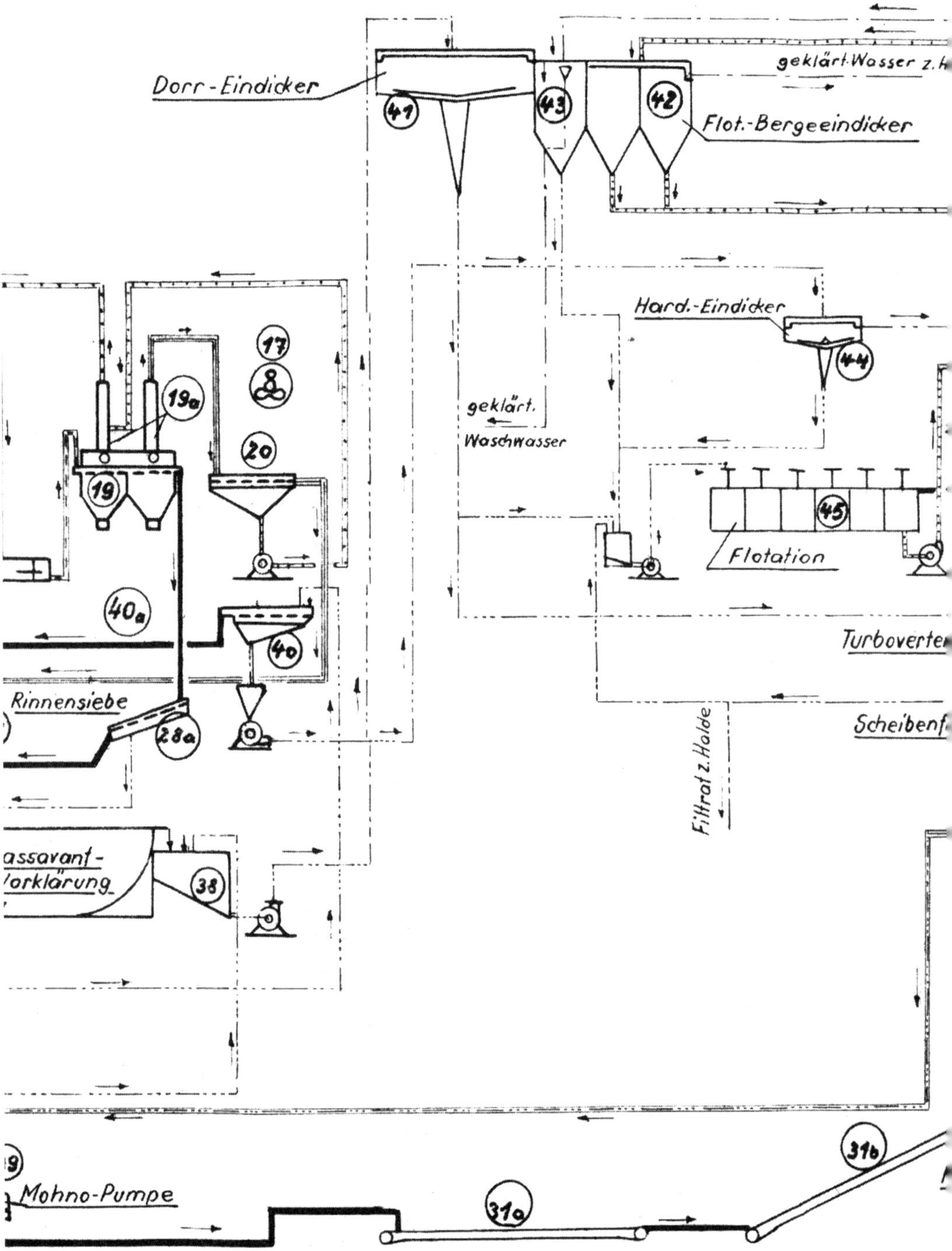
Dorr-Eindicker
41
43
42
geklärt-Wasser z.H
Flot.-Bergeeindicker
Hard.-Eindicker
44
17
19a
20
19
geklärt.
Waschwasser
45
Flotation
40a
40
Turboverte
Rinnensiebe
28a
Scheibenf
Filtrat z. Halde
assavant-
/orklärung
38
31b
31a
Mohno-Pumpe

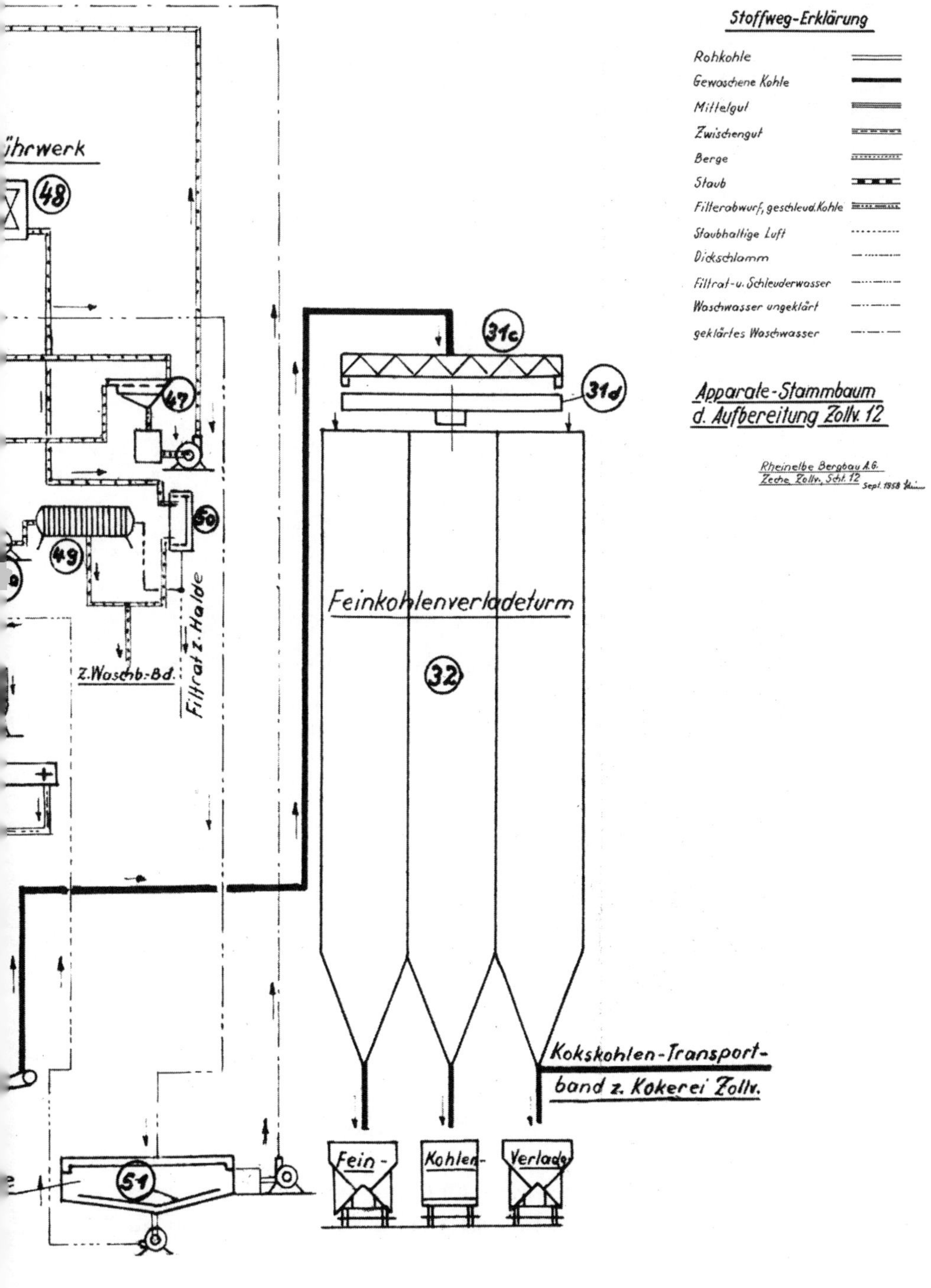
ührwerk
48
47
49
50
z.Waschb.-Bd.
Filtrat z.Halde
31c
31d
Feinkohlenverladeturm
32
Kokskohlen-Transport-
band z. Kokerei Zollv.
Fein-
Kohlen-
Verlade
51
Stoffweg-Erklärung
Rohkohle
Gewaschene Kohle
Mittelgut
Zwischengut
Berge
Staub
Filterabwurf, geschleud. Kohle
Staubhaltige Luft
Dickschlamm
Filtrat-u. Schleuderwasser
Waschwasser ungeklärt
geklärtes Waschwasser
Apparate-Stammbaum
d. Aufbereitung Zollv. 12
Rheinelbe Bergbau A.G.
Zeche Zollv., Scht. 12
Sept. 1958

Links auf diesem Bild sieht man einen Teil der Hydraulik-Pumpen für die Öldruckzylinder. Diese gehören zu den Grobkorn- und Feinkorn-Bergeausträgern auf der 24-m-Bühne. Im Hintergrund sieht man außerdem die Setzmaschine und die Druckluft-Extender für die Luftkammern der Setzmaschine. Rechts (nicht im Bild) befindet sich das Wäschelabor mit einer Telefonzelle. Der Boden zwischen den Setzmaschinen System I und System II besteht lediglich aus Lichtgitterrosten.

Schon zu Anfang oder auch zur Mitte der Schicht hatte man, je nach Schwere der Arbeit, im wahrsten Sinne des Wortes die Schnauze voll. Und wenn dann doch noch eine richtig dicke Störung kam, guckten meine Kollegen und ich uns bloß an: „Scheiße", hieß es nur noch, „alles Mist". Manche Schicht wusste man in der Wäsche vor lauter Arbeit nicht, ob man Männchen oder Weibchen ist. Von einer Störung in die andere und nebenbei noch Vorbereitungen für andere Arbeiten durchführen. Dazu der Dreck, die Nässe, der Lärm und die Schreierei, wenn es nicht so klappte, wie man wollte oder musste. Aber bei einer Störung ging es halt eben so. Da wurde hingelangt, und jeder wusste, was zu machen war. Lief dann wieder alles, war es prima. Man konnte sich eben auf seine Kollegen verlassen, und das war auch sehr wichtig.

NW 500

Ewald Waschkowski, Heinz Spahn und Eitel Mantowski im Gespräch

Ewald Waschkowski: Ja, und dann war das noch einmal eine Geschichte: Heinz, auf Morgenschicht. Er musste im Pumpenraum einen 500er Druckschieber auswechseln. NW 500 Durchmesser. Das ist so‘n Ömmes, ja? Jetzt Probelauf gemacht – spritzte. Anziehen. Nachziehen. Da waren zwanzig Schrauben drin, alle M20. Gezogen, gezogen, mit einem Mal – knack macht der Schieber …

Heinz Spahn: … war der Hals abgebrochen, den Flansch abgerissen. Ja, was jetzt, musste ja rein! Wir mussten einen neuen holen.

Eitel Mantowski: War der unter Spannung eingebaut?

Heinz Spahn: Ja sicher!

Ewald Waschkowski: Den neuen mussten wir erstmal holen von der 6-m-Bühne. Der Pumpenraum war noch weiter weg – am Ende der Welt. Neuen Schieber geholt. Wieder gezogen. Wieder im Eimer.

Heinz Spahn: Und Ewald ist hingegangen: „Stell dich nicht so doof an“, sagt er zu mir, und er immer drauf, „geht doch, geht doch!“ – KNACK! Ich sag: „Siehste wat – wat geht?!“ Zweiten Schieber im Arsch!

Ewald Waschkowski: Jaa, aber die Ursache hatten wir noch nicht festgestellt gehabt – als wir ihn ausgebaut haben, haben wir gesehen: Das neue Stück, was eingebaut worden war, das 500er Rohrstück, ja?

Heinz Spahn: … das hat nicht gepasst!

Ewald Waschkowski: So ein Stück Rohr guckte vor dem Flansch vor. Da war der Schieber kaputt. Da haben wir erstmal das Rohr abgebrannt, dann war gut.

Heinz Spahn: Das sind alles so Sachen.

Becherwerke erneuern

Detlev Spahn

Der Name Becherwerke beschreibt ja schon fast das Aussehen dieser Gewerke: Die Becher werden hintereinander von einem zum anderen Becher mit schweren Flacheisen, die eine Kette bilden, verbunden. Diese Kette soll das Material vom unteren Punkt, dem Wendestern, in einer Schräglage nach oben befördern (s.a. Darstellung auf S. 103). Am oberen Punkt, dem Antrieb, macht das Ganze eine Kehrtwende, der Becher wird entleert und geht nun wieder nach unten, wieder über den Wendestern, und der Kreislauf ist geschlossen. Man kann sich vorstellen, dass die Becher und die Führung nach einer bestimmten Zeit verschlissen sind und erneuert werden müssen.

Blick in eine Grobkornsetzmaschine: Vorne sind die Holz- und Schmutzfänger zu sehen, in der Mitte dahinter die Setzbett-Höhenanzeige. Das Waschwasser ist gerade für Reparaturarbeiten abgezogen worden. In den Setzsieben ist aber noch Bergematerial zu sehen.

Musste also ein neues Becherwerk eingebaut werden, brauchte man circa eine Woche allein für die Vorbereitungsarbeiten! Schließeisen, Winkel und Konstruktionsteile wurden laut Zeichnung angefertigt, Ersatzteile wurden aus dem Ersatzteillager zur 24-m-Bühne transportiert. Unter dem Becherwerk wurde eine Vorrichtung mit Umlenkrollen angebracht. Von der 24-m-Bühne, Bauabschnitt 3, wurde ein Seil von der E-Winde zum Becherwerk auf der 17-m-Bühne gezogen. Transportable Winkel und Hubzüge wurden ebenfalls zur 17-m-Bühne transportiert und aufgestellt. Eine neue Becherkette wurde vom Bauwagen zur 17-m-Bühne gezogen und mit der „Hebamme" zum Becherwerk transportiert. „Hebamme" nannten wir einen fahrbaren, hydraulischen Hubtransportwagen. Auch der Wendestern wurde zur 17-m-Bühne gebracht. Schweißmaschinen, Sauerstoff- und Acetylenflaschen standen am Becherwerk auf drei Bühnen in Bereitschaft.

Dann kam der Tag, an dem wir das Becherwerk ausbauten. Freitag auf der Nachtschicht wurde die Kolonne von der Aufsicht eingeteilt, meistens ein Vorarbeiter mit neun Handwerkern. Der Vorarbeiter teilte die Kolonne nochmals auf. Nach Waschende wurden die Setzmaschinen gereinigt und das Wasser abgelassen. Danach konnte man das große Mannloch auf der 17-m-Bühne öffnen. Dann wurde eine Vorrichtung am Becherwerk angebracht, auf der die Becherkette lief. Ein Handwerker trennte die Vorderkette von der Hinterkette und brachte das Seil der Winde an der Hinterkette an. Es war eine dreckige und nasse Arbeit. Zwei Mann bauten in der Zwischenzeit die Rücklaufsperre vom Antrieb des Becherwerkes aus. Dann wurde von Hand an der Kupplung gedreht, bis die Vorderkette Übergewicht hatte. Gleichzeitig wurde die Becherwerkkette auf der 17-m-Bühne über die Vorrichtung gezogen, auseinandergetrennt und abtransportiert, und das alles von Hand. Es was eine Knochenarbeit.

Nach dem Ausbau der Kette ging ein Teil der Kolonne zur Pause. Vier Mann bauten in der Zwischenzeit den Wendestern aus und ein. Das dauerte eine Stunde. Danach wurde am Antriebsstern eine Bühne gebaut. Der Antriebsstern wurde aufgeschweißt, Tragrolle und Luftzug wurden angebracht. Wenn alle diese Arbeiten erledigt waren, bauten zwei Handwerker die Schließeisen mit Winkeln aus. Nach dieser Arbeit war die Nachtschicht beendet. Die Samstagsschicht, morgens und mittags, brachte Leitern in das Becherwerk und baute die schweren Winkel und Schließeisen ein. Alles wurde per Hand in das Becherwerk eingelassen. Auch diese Handwerker hatten dann nach Schichtende Arme wie Schwarzenegger!

Am Sonntagmorgen begann der Einbau der Becherketten. Es wurden zwei Stränge mit jeweils vier Bechern auf der Vorrichtung am Becherwerk auf der 17-m-Bühne zusammengekoppelt. Das Zugseil von der E-Winde wurde am Antrieb über die Tragrolle gelegt und an der einzubauenden Becherkette angebracht. Wenn die acht Becher an der Becherkette waren, wurden daran die nächsten Becher angekoppelt. Es ging so weiter, bis die Becherkette am Antriebssystem war. Dann wurde die Becherkette mit dem Luftzug gehalten, das Seil aus der Tragrolle genommen und die Becherkette über den Antrieb gelegt. Dann ging es weiter mit dem Ankoppeln der Becherketten, bis man die Hinterkette mit Schrauben (M36) an der Vorderkette zusammenbauen konnte. Das Zugseil konnte abgemacht werden.

Von Hand wurde dann die Becherkette zur 24-m-Bühne gefahren. Dort wurde die Becherkette in Hubzüge und Haken gehängt. Die Schrauben wurden entfernt und durch einen Bolzen ersetzt. Danach wurde das Becherwerk gespannt und ein Probelauf durchgeführt. Wenn alles in Ordnung war, wurde auf der 17-m-Bühne das Mannloch geschlossen und die Schutzvorrichtung am Antriebssystem angebracht, die Ablasshähne am Becherwerk geschlossen, und zum Teil wurde noch aufgeräumt.

Wir, die Handwerker, waren froh, wenn diese schwere Arbeit ohne große Schwierigkeiten ablief.

Mit einem freundlichen Glück Auf

Der Kolonnenführer Detlev Spahn

Reparaturen an der Becherkette

Heinz Spahn

Einmal war eine Bergerutsche vom Grobkorn-Becherwerk zu, die erste Becherkette stand still, beim System I blieb die Kohle weg, es gab keine Kohlenaufgabe mehr. Dann ging die Sucherei an der Bergerutsche los. Hing der Brocken im unteren oder oberen Teil der Rutsche fest, dann wurden Mannlochdeckel losgeschraubt, geprockelt und mit dem dicken Hammer vor die Schleißbleche gehauen, dass die Arme immer länger wurden. Dadurch konnte man den großen Bergebrocken, der sich in der Rutsche festgesetzt hatte, beseitigen. Die Rutsche lief leer. Das war schon mal gut. Aber jetzt kam der Teil, dem wir ängstlich entgegensahen: Lief das Becherwerk wieder an, war der Becherwerksack nicht zu vollgelaufen mit Bergen? Na ja, was soll man dazu noch sagen, der liebe Gott hatte für uns alle oft ein gutes Einsehen: Die Kette lief mit lautem Rattern und Getöse an, obwohl die Becher doppelt so voll waren wie sonst. Die Steine knallten dann nur so durch die Gegend und man musste aufpassen, nicht getroffen zu werden. Es hat gepasst. Kohle drauf, System I war wieder in Betrieb.

Aber ich möchte auch mal darüber berichten, wie es war, wenn die Becherkette nicht mehr anlief. Wenn der Antriebsstern durchdrehte und

Detlev und Heinz Spahn mit dem Reviersteiger Ewald Waschkowski (von links) am Antrieb des Grobbergebecherwerks auf der 30-m-Bühne. Das Becherwerk war etwa einen Meter breit und bestand aus 42 Bechern.

die Becherkette festsaß oder hing. Dann war nichts mehr mit „lieber Gott". Arschkarte, dicke Störung: Auf System I oder System II gab's keine Kohlenaufgabe mehr. Dann ging es zur Sache auf der 17-m-Bühne, vor dem jeweiligen Becherwerk. Zuerst das Wasser ablassen, Brenngerät her, vom Mannlochdeckel wurden die Schrauben abgebrannt, und Handwerker und Helfer standen bis zu den Knöcheln im Wasser. Dann wurde die letzte Schraube abgebrannt, alle sprangen an die Seite, denn dann krachte dieser schwere Deckel runter, und Restwasser mit Bergen kam einem entgegen. Dann lagen dort Tonnen, also alle Mann mit Schüppen und Hacken den Becherwerksack unten und die Bühne freimachen. Wenn Platz war, wurden der Sack, der Wendestern sowie die Führungswinkel mit Schleißlaschen ausgeleuchtet und kontrolliert. Wenn dann keine weiteren Fehler gefunden wurden, konnte man alles wieder schließen und in Betrieb gehen.

Aber wehe, es hatte sich ein loser oder abgerissener Führungswinkel mit der Becherkette festgesetzt! Na Mahlzeit! Man musste dann von der 24-m-Bühne ins Becherwerk klettern. Es wurden die Seitenteile abgeschraubt, und der Handwerker kletterte zwischen Vorder- und Hinterkette

Heinz und Detlev Spahn an der Wendestation eines Becherwerkes mit der Montage-Klappe, durch die bei Problemen die Reparaturen durchgeführt werden mussten (17-m-Bühne).

rein zur Störungsstelle. Angst durfte man nicht haben. Wenn man alleine nicht zurecht kam, musste noch der zweite Mann rein. Es wurde dann an der Schadstelle gebrannt, geschraubt oder geschweißt. Die Störung musste ja schnell behoben werden.

Aber glaubt ja nicht, dass diese Arbeiten so einfach oder leicht waren. Zu oft hat man sich dabei leichte bis mittlere Verletzungen zugezogen, etwa bei Brenn- oder Schweißarbeiten. Es sind in der Aufbereitung schon einige kleine und große Dinge passiert, bei denen man sagen kann, der Kollege hat noch mal Glück gehabt, oder auch nicht. Ich habe es auch so manches Mal zu spüren bekommen. Aber Schwamm darüber. Man hat nicht so drauf

Diese (Ge-)Steinstaub-Kiste steht auf der 30-m-Bühne am alten Elektrofilter. Man brauchte diesen Staub als Brandschutz bei Schweiß- oder Brennarbeiten in der Kohlenwäsche zum Abdecken eventueller Flammen. Zusätzlich mussten bei diesen Arbeiten noch ein Feuerlöscher und ein Löschwasserschlauch mit Ruhrwasseranschluss vorhanden sein, da durch den allgegenwärtigen Kohlenstaub ein großes Brand- und Explosionsrisiko bestand.
Ganz wichtig! Jeder Schweißer musste vor Schichtbeginn im Steigerbüro einen Brennschein unterschreiben und mitnehmen. Ohne diesen Schein ging nichts außerhalb der Werkstatt in der Kohlenwäsche. Außerdem musste bei allen diesen Arbeiten ein Absauggebläse eingeschaltet sein.

geachtet, wenn es eben ging mit der Verletzung. Drauf gespuckt, Dreck aus der Wunde, und weiter.

War dann der lose und defekte Winkel repariert, dann all das Reparaturzeug raus aus dem Becherwerk, alles wurde wieder zugebaut und verschlossen. Mittlerweile kam es dann schon zu Anfragen: „Wie lange noch, die Grube steht bald still!“ Oder: „Unsere Bunker sind gleich vollgelaufen!“ Wie wir Handwerker aber nach gemachter Arbeit aussahen, danach hat keiner gefragt. Wenn dann die Becherkette angefahren wurde, und sie lief gut, hieß es nur noch: Wasser aufdrehen und die Maschine vollfüllen. System I oder System II, Kohle drauf und in Betrieb nehmen.

Wir haben uns dann umgezogen, nasse Klamotten gegen trockene. Die Pause nach der Störung ist uns meistens vergangen, oft wurden die Butterbrote wieder mit nach Hause genommen. Dies ist nur ein kleines Beispiel für eine Störung in der Aufbereitung. Es gab ja auch noch größere, die dann über eine oder mehrere Schichten hinausgingen.

Diese Arbeiten wurden mit viel Schweiß und Körperkraft geleistet. Denn viele Hilfsmittel, etwa einen Kran, gab es ja nicht. Später, im Zuge des Umbaus der Aufbereitung, als auch neue Kreiselsichter und einige andere Sachen eingebaut wurden, wie Setzsiebe aus V2A-Material oder Staubrutschen aus V2A, bekamen wir Handwerker an der Richtplatte auf der 24-m-Bühne einen Kran montiert. Dadurch war es für alle etwas leichter zu arbeiten. Aber für die Rückenschmerzen, die sich manch einer in all den Jahren geholt hatte, war es da schon zu spät. Das Gute bei dem Umbau war außerdem, dass die Becherwerke je einen eigenen Antrieb mit Kette und einer Rücklaufsperre im Getriebe bekamen. Der alte Antrieb über Transmissionen mit Lederriemen oder Gurten war nicht so gut, etwa bei einer Störung an einem Becherwerk. Wenn die Becher zu voll waren, war die Antriebskraft nicht mehr stark genug und der Riemen flog von der Riemenscheibe – und dann Halleluja! Dann ging die Vorderkette nicht mehr nach oben, sondern wegen der schweren, vollen Becher ging es rückwärts! Bis zum Stillstand. Solch eine Störung zu beheben ging meistens über Stunden, im wahrsten Sinne des Wortes im Schweiße des Angesichts.

Die Kaue hinterm Wäschebüro

Ewald Waschkowski im Gespräch

Ewald Waschkowski: Ja – da war Folgendes gewesen. Die Genehmigung zum Bürobau haben wir gehabt. Aber wir haben eine Kaue dahinter gebaut, da haben wir keine Genehmigung für gehabt. Und der W., der hat

Heinz Spahn mit seinen Kollegen Ede und Frank (von links) auf Mittagsschicht im Sommer 1986 im Frühstücksraum. So geschwärzt sah man in der Aufbereitung immer aus, egal ob man Handwerker oder Stationsmann war.

ja immer die Wäschebefahrung gemacht. Der hat die Angewohnheit gehabt, wenn er Feierabend hatte, mittags, dann kam er durch den Betrieb. Bis zur 24-m-Bühne, und da stand er vor dem Büro: „Ach, da ist das neue Büro." „Ja", sag ich, „kommen Sie rein, dann sehen Sie mal …" „Nein nein, das können wir nächstes Mal machen bei der Befahrung." Das nächste Mal bei der Befahrung stand es mit drauf auf der Liste: Wäschebefahrung, Büro. Jetzt haben unsere Leute das so gemacht, die haben sich vor die Tür gestellt, die zur Kaue dahinter ging. Er alles besichtigt: „Ja, ist schön geworden" Er ging schon raus, mir fiel ein Stein vom Herzen. Da dreht er sich noch mal um: „Da ist noch eine Tür!" Und da hat er die Kaue gesehen! „Wer hat das hier genehmigt?!" Hat so einen Hals bekommen: „Abreißen, abreißen!" Und der Dr. K. hat den dann bequasselt, sag ich mal, auf gut deutsch gesagt. Der hat gesagt: „Mensch, die Leute, die werden nass hier, die müssen doch sich umziehen können …", und da blieb die Kaue dann bestehen.

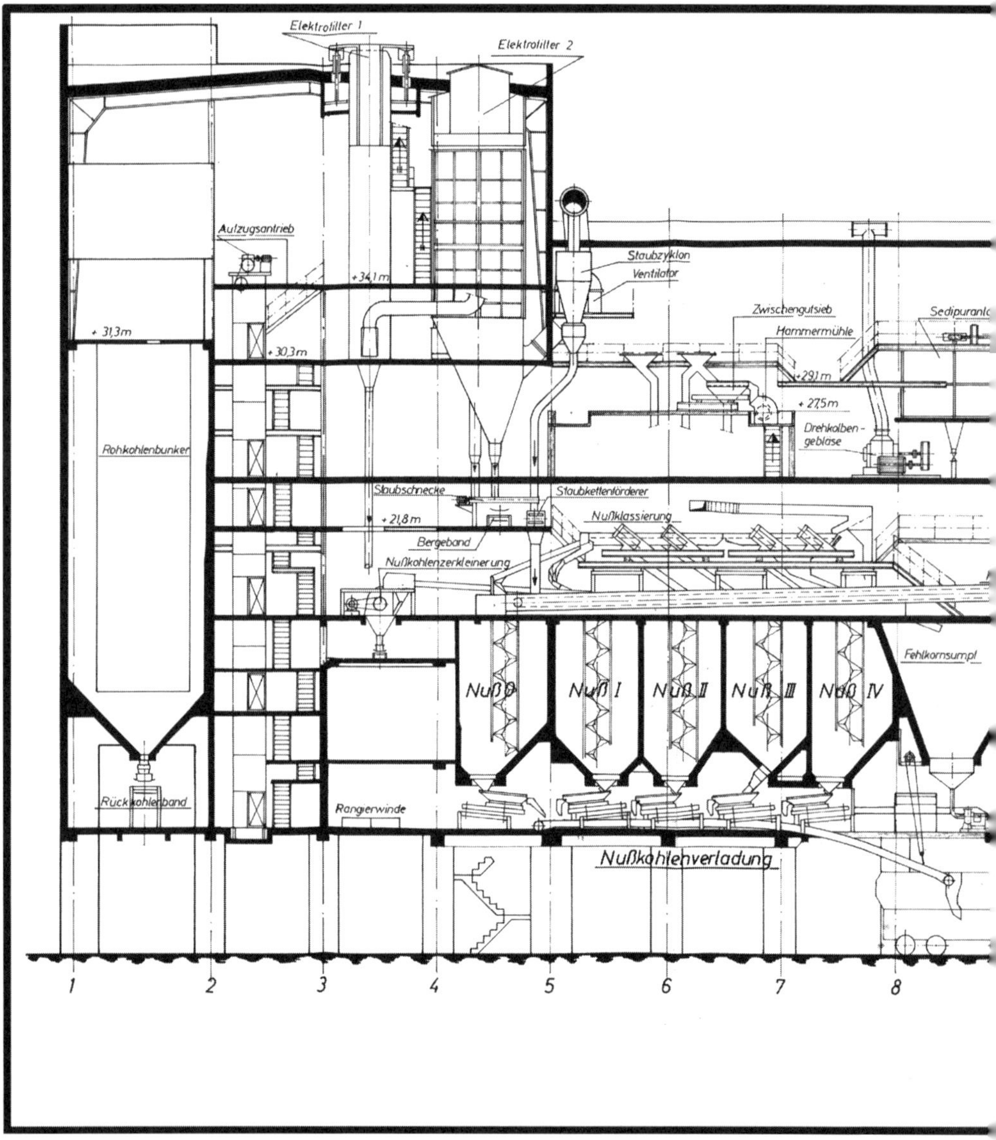

Querschnitt des Maschinenstammbaums der Kohlenwäsche aus dem Jahre 1969. Der Schnitt zeigt die Maschinen entlang der zweiten Säulenreihe, etwa 6m von der östlichen Längsseite entfernt, sodass etwa die Siebtrommeln nicht abgebildet sind. Gut sichtbar sind beispielsweise Nusskohlenklassierung und Nusskohlenverladung.

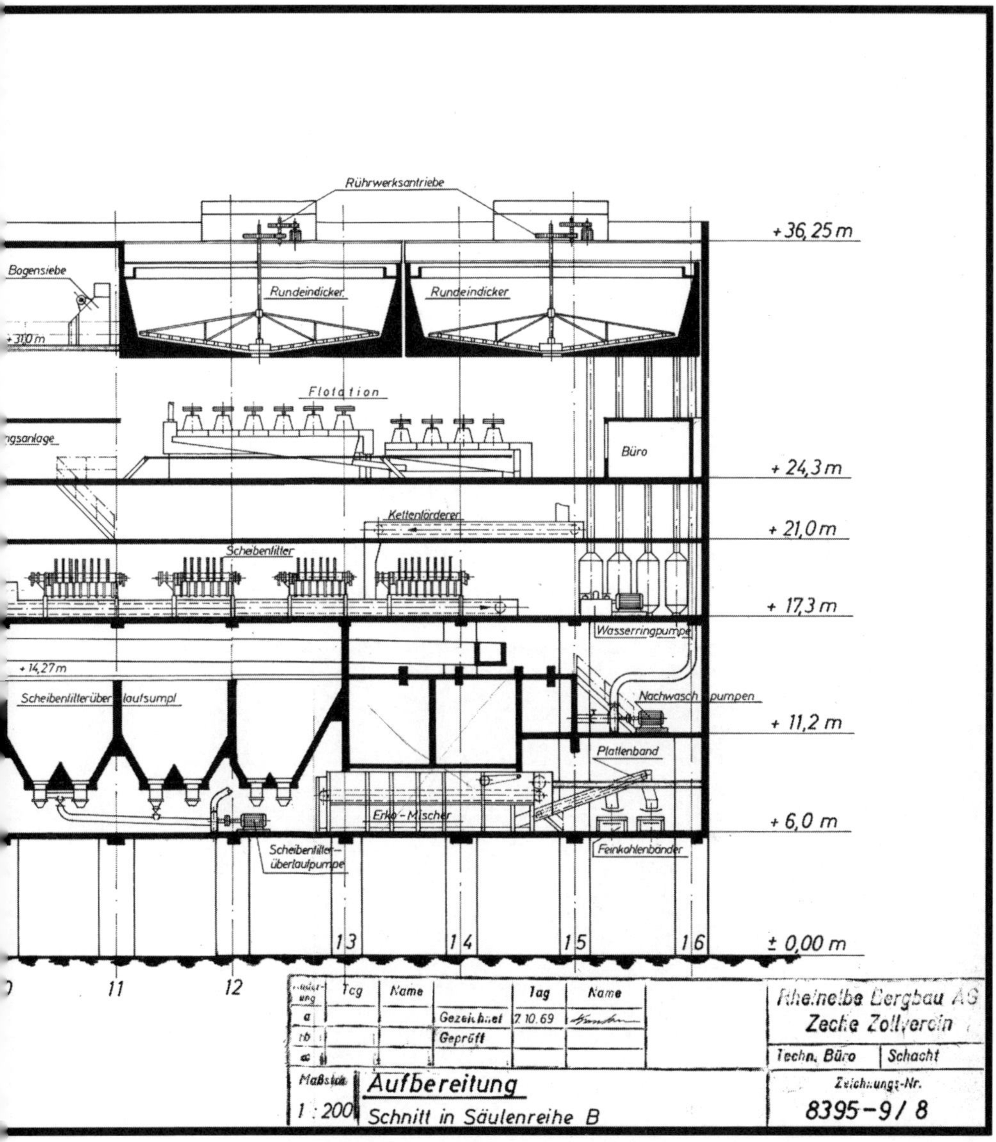

Auf der 24-m-Bühne neben der Flotation befindet sich das Wäschebüro mit der angeschlossenen Kaue.

Das Schneckenrad

Ewald Waschkowski und Eitel Mantowski im Gespräch

Ewald Waschkowski: Der Antrieb von den Scheibenfiltern, ja, das war ein Schneckenrad von 800 oder 900 mm Durchmesser. Die haben sich schwer abgenutzt. Schneckenwelle und Schneckenrad mussten dann erneuert werden. Und das war eine schmierige Arbeit, bis zu den Armen in Schmier drin. War nicht so einfach. Da musste erstmal der Steuerkopf abgebaut werden, dann die Schneckenwelle, der Antrieb ausgebaut werden, und dann dies große Schneckenrad vom Scheibenfilter. Ja, war alles voll Schmier da.

Eitel Mantowski: Kohlen...

Ewald Waschkowski: Nein, das war richtig Schmier. Das Ganze lief ja in Fett und Öl. Musste ja geschmiert werden, sonst ist die Reibung zu groß. Und da musst du immer dran denken, ich als junger Mann, so schön alles saubergemacht, die Fingernägel, für's Wochenende, und dann rein in den Schmier ... War ja kaputt, was soll es? Lief ja nicht mehr. Musste erneuert werden. Der Antrieb war über Schneckenwelle und Schneckenrad. Und die

Ewald Waschkowski, Detlev und Heinz Spahn vor dem Scheibenfilter zum Trocknen des Kohleschlamms mit Kettenförderer auf der 17-m-Bühne. Ein Scheibenfilter war mit acht Scheiben bestückt, von denen jede 16 Segmente hatte.

Schneckenwelle wurde wieder angetrieben vom Variator, der war von Flender, das war ein stufenloses Getriebe, konntest du verstellen, die Geschwindigkeit hier. Und ganz oben drauf war der Motor. Wenn der kaputt war, mussten wir ran. Drei Mann wurden abgestellt, mehr waren da nicht dran.

Eitel Mantowski: Was ist das für ein Schmierstoff, den man in dem Fall benutzt?

Ewald Waschkowski: Normales Fett. Oder der Mann, der tagsüber die Bedienung hatte an den Scheibenfiltern, hat dann gebrauchtes Öl genommen, draufgeschüttet.

Eitel Mantowski: Diese große Scheibe, hier diese rote da auf dem Foto...

Ewald Waschkowski: Ja, da läuft das Schneckenrad drin. Das ist die Schutzvorrichtung. So groß war eben das Schneckenrad. Und wie gesagt, das ist dann die Schutzvorrichtung gewesen, damit das Öl und so weiter nicht alles rausspritzte. Und jetzt hast du bei dem Schneckenrad einen Durchmesser von 800 mm und immer seitlich diese Zähne, eine Art Zahnrad. Und unten drunter als Antrieb lief dann eine normale Schnecke. Die hat dies Schneckenrad dann in Betrieb genommen. Siehst du, da ist der Motor, das ist der Variator, und der hat dann diese Schneckenwelle angetrieben hier, damit der Scheibenfilter sich gedreht hatte. Der Motor hat eine Keilriemenscheibe gehabt, der hat den Variator angetrieben. Und der Variator hier, den konnte man stufenlos verstellen. War ein Flachriemen mit seitlich so Knöppkes drauf, diese Scheiben im Variator konntest du auch oben weiter losmachen, unten enger, und umgekehrt: unten mehr aufmachen, oben zu. So konntest du die Geschwindigkeit einstellen. Und hier unten drunter, dies hier, diese senkrechten Dinger da unten drunter, das waren ja diese Vakuumpumpen, die haben das Vakuum erzeugt, damit der Schlamm an die Scheibenfilter angezogen wurde. Ja ja, das war schon eine Mimik, das sag ich euch.

Nasse Kohle entstauben

Ewald Waschkowski, Eitel Mantowski und Heinz Spahn im Gespräch

Ewald Waschkowski: Jede Übergabestelle in der Grube wurde bedüst, damit sich kein Staub entwickelte. Und da kam dann die Kohle hoch, zum Beispiel vom Feinkohleneckturm zur Wäsche hoch, da war klare Luft, da war kein Staub, kein gar nichts. Die Kohle, wie sie ankam, konnte man kneten. Wie so'n Tennisball!

Eitel Mantowski: Das war Patsche!

Ewald Waschkowski: Und das konnte man ja schlecht entstauben.

Heinz Spahn: Da ist bald die Rohwaschkohle, die Rohkohle ... die ist bald rückwärts gelaufen, so nass war die gewesen. Zum Beispiel wenn Kohle aus Flöz Wasserfall war. Das war ein Flöz gewesen, da war sowieso alles nass. Die Kohle war von Natur aus nass.

Ewald Waschkowski: Und jede Übergabe wurde gedüst.

Heinz Spahn: Da kriegten wir nasse Kohle. Wenn die zu viel genässt hatten, war das für uns nicht gut. Obwohl – für uns schon! Das hat bei uns dann auch nicht so gestaubt. Das hat uns nichts ausgemacht. Bloß jetzt für die Staubsichter ... da ging nichts mehr. Die setzten sich dann zu. Und dann backte sich das alles an, das baute sich auf, baute sich auf, baute sich auf, wurde zu viel – buff, der Motor hat dann nicht mehr gepackt, war durch, und da oben die Kreiselsichter, die liefen ja nur auf Transmissionsriemen – ja, und dann schmorten die durch. Und da hast du Tonnen drin gehabt, Eitel, da in den kleinen Sichtern.

Und dann ging das da los, wenn die Kohle vorgesiebt worden war, was dann über die Sichter ging, der Staub und die ganze Feinkohle, oben in die Vibrosichter früher auf der 30-m-Bühne. Die sind ja alle nicht mehr da, das sind ja die Kreiselsichter gekommen. Aber wenn die zugesetzt waren – alles nur voll nasser Kohle. Also mussten wir in den Sichter rein, mit drei Mann, da konntest du dich nicht bewegen, da konntest du noch nicht mal einen Furz drin lassen, kein Platz war da drin gewesen. Und dann hast du da gehangen, mit der Schüppe, so groß die Schüppe, so einen kleinen Stiel, zwischen den Beinen durchschaufeln ...

Ewald Waschkowski: Da waren ja ursprünglich vier Vibrosichter auf der 30-m-Bühne und Staubzyklone. Ja, da hatte ein Mann die ganze Nachtschicht zu tun gehabt, die sauberzumachen.

Heinz Spahn: Selbst in den Staubzyklonen oben, wenn die zusaßen, da ging nix mehr, das war nur mit dem Abbauhammer rauszukriegen, überleg dir mal, mit dem Abbauhammer da drin! Da konntest du dich überhaupt nicht drin bewegen, und dann hast du mit dem Abbauhammer erstmal auch noch die Zyklon-Innenwände freigemacht. Und dann waren noch hinter den

Zur Verhinderung von Explosionen unter Tage, aber auch zur Bekämpfung der Steinstaublunge, unter der viele Bergleute litten, wurde die Kohle beim Abbau seit den 1960er Jahren vor der Gewinnung beispielsweise mit Hochdruckwasser getränkt. Auch die Abbaumaschinen hatten Wasserdüsen, außerdem wurde die Kohle an den Übergabestellen bedüst. Die Steinstaublunge (Silikose) war eine der schlimmsten Berufskrankheiten der Bergleute unter Tage. Nicht der Kohlenstaub, sondern die Steinstäube lagern sich im Lungengewebe ab und verursachen Gewebeneubildungen. Das vernarbte Lungengewebe führt zu Atemnot, der Verlauf war vor allem früher oftmals tödlich.

Mauern die großen 500er Rohre, die mussten auch noch saubergemacht werden!

Nachtschichtzulage

Ewald Waschkowski und Eitel Mantowski im Gespräch

Ewald Waschkowski: Da waren ja viele Handwerker, vor allen Dingen älteres Semester, die nur Nachtschicht gemacht haben. Die wollten auch keine andere Schicht ausüben. Und dann haben die auch zum Beispiel, damit jeder auf sein Geld kam, samstags, sonntags dann doppelt gemacht. War ja früher noch Sechs-Tage-Woche, und von der Nachtschicht hatten die dann bis Sonntagmittags durchgemacht. Und dann haben wir das ja auch noch so fabriziert, damit jeder noch zusätzlich Geld hatte: in der Woche hat man noch mal Doppelschicht gemacht. Tja. Man hat es gemacht, damit man zu Geld kam. Ich sag jetzt mal so: Wer Nachtschicht gemacht hatte und musste doppelt machen, da konnte er sich um 3 Uhr …

Eitel Mantowski: … eine Stunde hinlegen.

Ewald Waschkowski: Um 6 Uhr haben wir morgens wieder angefangen, da war er schon ein bisschen ausgeruht. Und dann kam ja noch etwas hinzu: Es wurde ja die Nachtschicht früher nicht extra bezahlt! Dann laut Tarifvertrag nachher wurde, glaub' ich, 1 DM oder 2 DM pro Nachtschicht als Nachtschichtzulage bezahlt, da wollten viele, die nie Nachtschicht gemacht hatten, auf einmal Nachtschicht machen. Da haben wir gesagt: Kommt gar nicht in Frage, wer immer Nachtschicht gemacht hat, macht auch weiter Nachtschicht. Und nachher, glaub' ich, war das gesteigert worden bis auf 10 % Nachtschichtzulage.

Eitel Mantowski: Ja. Das wurde nachher immer ein bisschen mehr.

Ewald Waschkowski: Da hat es schon schwere Unstimmigkeiten gegeben.

Eitel Mantowski: Und dann gab es nachher die Schmutzzulage.

Ewald Waschkowski: Ja, Schmutzzulage, die haben wir ja geschrieben. Zum Beispiel 90 Pfennig; 1 DM; 1,10; 1,20... An bestimmten Stellen, deshalb war das ja unterschiedlich.

Nachtschicht in der Wäsche

Heinz Spahn

Arbeiten auf der Nachtschicht in der Wäsche liefen wie folgt ab: Man musste bis 22 Uhr, zu Schichtbeginn, in der Werkstatt auf der 24-m-Bühne sein. Dort hatten wir Handwerker unsere Werkbank mit eingebauten Werkzeugschränken. Dort standen auch eine Bohrmaschine, die Richtplatte mit einem Amboss, ein Flaschenwagen und eine Schweißmaschine. Der Flaschenwagen musste immer mit vollen Gas- und Sauerstoffflaschen und Schläuchen bestückt sein. Denn dieser Wagen war unser Einsatzgerät, egal bei welcher Störung, ob Morgen-, Mittags- oder Nachtschicht. Man brauchte immer volle Flaschen. Wenn dann alle da waren, saßen wir Handwerker auf der Werkbank, bis der Steiger mit dem Arbeits- oder Einsatzzettel kam. Da wurde erst mal ein bisschen geplaudert und dann über die geteilte Arbeit gesprochen. Meistens gingen wir Handwerker in Zweiergruppen zu den Instandsetzungsarbeiten los, zum Beispiel eine Gruppe zum Korbwechsel einer der vier Schwingschleudern auf der 6-m-Bühne. Das war keine leichte Reparatur und hat meist die ganze Schicht gedauert.

Ewald Waschkowski, Heinz und Detlev Spahn vor bzw. auf der Feinkohlenentwässerungs-Siebhorde auf der 17-m-Bühne mit Wendestation eines Kettenförderers. Die Siebhorde war mit 16 Spaltsieben belegt, die einen Durchlass von 0,5 bis 1,0 mm Korngröße hatten.

Eine andere Gruppe musste beim System I oder System II die Becherketten spannen und alle Schrauben von den großen Antriebszahnrädern und alle Stehlager von den Antriebssternen überprüfen. Dabei gingen auch fast acht Stunden rum. Die nächste Gruppe hatte dann ein Stück defekte 200er Rohrleitung mit Bogen und Verbindungsflanschen auszubauen, neu anfertigen zu lassen und wieder einzubauen. Die Reiniger mussten die Entstauber, Staubrohre, Sichter und die Setzsiebe von den Setzmaschinen reinigen. Die letzte Gruppe hatte alle Kettenförderer zu kontrollieren, zum Nachspannen oder zum Kettenausgleich zu bringen. Kettenförderer hatten wir ja genug in der Wäsche. Über Schlamm-, Staub-, Feinkohle- und Mittelgutförderer war ja alles da.

Um 1:30 Uhr war dann Pause, man aß sein Brot und legte sich dann noch ein paar Minuten auf die Feilbank bis zum Pausenende. Dann ging es weiter. Hatte die eine oder andere Gruppe ihre Arbeit etwas früher fertig, ging es anderswo weiter. Man half den anderen mit, die etwas mehr Arbeit hatten, oder man machte noch eine Siebkontrolle. Eine Siebkontrolle, und das war sehr wichtig, ging über den Antrieb mit Keilriemen, über die Lenker- und Koppelfedern und die Siebpuffer. Waren mehrere Lenkfedern defekt oder einige Anschlagpuffer einer Pufferbatterie ausgeschlagen, wurde das gemeldet. Ein defektes Sieb konnte auch noch schnell gewechselt werden. Die anderen Arbei-

Die Grobkohle durchlief einen weiteren Klassiervorgang in verschiedene Nussklassen. Hier sieht man zwei Resonanz-Schwingsiebe (Typ II GC der Fa. Krupp) mit einer Breite von 1.800 mm und einer Länge von 6.000 bis 7.000 mm.

ten an den Nusskohlen- und Klassiersieben wurden dann auf das Wochenende verschoben, wie alle größeren Reparaturarbeiten, sei es an den Siebtrommeln, Feinkorn- oder Berge-Becherwerken, am Bergekontrollsieb und so weiter.

Aber was in der Wäsche immer im Auge behalten wurde, das waren die Gurt- oder Transportbänder mit ihren Antriebs-, Druck- und Wendetrommeln und ihren Ober- und Unterbandrollen. Da hatten unsere Vulkaniseure immer sehr viel Arbeit mit Ausbesserungs- oder Reparaturarbeiten an den Bändern: Banddurchschläge, Bandkanten, Seitenführungen und Abstreifer mussten sehr oft erneuert oder ausgebessert werden. Die kleineren Reparaturen auf Nachtschicht, die großen dann Samstag und Sonntag.

Die Kettenförderer nahmen ebenfalls viel Zeit in Anspruch. Musste eine neue Kette zum Wochenende gewechselt werden, kam viel Vorarbeit auf uns zu, die im Laufe der Woche durchgeführt wurde. Der Antriebssporn der Gliederketten mit Schlössern und den Mitnehmerstegen wurde zur 24-m-Bühne, Bereich Werkstatt, transportiert. Dort sind dann die Kettenstege mit den Gliedern zusammengeschlagen worden, manchmal bis zu achtzig oder hundert Meter lang.

Vulkanisieren, einmal heiß, einmal kalt

Ewald Waschkowski und Eitel Mantowski im Gespräch

Ewald Waschkowski: Früher hatten wir ja nur heiß vulkanisiert, und das hat man in der Nachtschicht gemacht. Bei Beschädigungen an den Bändern – die Decklage war abgerissen oder ähnliches – wurde dann mit Vulkanisiergummi wieder repariert. Das wurde dann passend geschnitten, und dann kam eine Heizplatte unter das Band und eine über das Band, und je nach Größe, oder wie groß die Beschädigung war, wurde dann gewärmt, vier Stunden oder fünf Stunden. Wobei der Vorteil beim Heiß-Vulkanisieren ja war: Die Lauffläche vom Band war glatt! Beim Kalt-Vulkanisieren später kam das ja nicht immer hin, und wenn das Band über den Abstreifer gelaufen ist, tropf tropf tropf, dann lag wieder was drunter. Da hatten wir die Haufen Kohle immer unter den Bändern liegen.

Eitel Mantowski: Früher beim Heiß-Vulkanisieren war das nicht der Fall.

Ewald Waschkowski: Und bis man zur Reparatur kam, musste man die Bänder erstmal durchlaufen lassen. Wenn so ein kleiner Schaden dran war, da hat man dann den Schnibbel abgeschnitten, oder was weiß ich. Oder wenn ein Riss drin war, dafür gab's extra Klammern, solche Nilos-Haken, da wurde das zusammengeklammert. Das lief das dann auch erstmal weiter mit den Klammern. Dann haben wir den Abstreifer hochgebunden, damit der da schön über das Band drüber lief. Später ist, wie gesagt, gar nicht mehr heiß vulkanisiert worden, nur noch kalt, ob die Bänder 600 mm breit waren oder 1.200, die wurden alle kalt vulkanisiert. Und wenn das Band fertig war, musste man natürlich noch ein paar Stunden warten: Wenn das kalt vulkanisiert wurde, darf man das nicht, sag ich mal, auf Spannung setzen.

Eitel Mantowski: Ja, das weiß ich auch noch. Die brauchten eine gewisse Härtezeit.

Ewald Waschkowski: Gerade beim Kalt-Vulkanisieren. Beim Heiß-Vulkanisieren brauchte man gar nicht so lange zu warten.

Eitel Mantowski: Aber beim Heiß-Vulkanisieren, das war ein viel größerer Aufwand.

Ewald Waschkowski: Ja, das waren ja alles schwere Gewichte. Diese Heizplatten unter'm Band, über'm Band, die Kabel ranholen... War eine Knochenarbeit, war das immer. Das waren ja unterschiedlich große Platten.

Eitel Mantowski: Je nachdem, wie breit das Band war, dementsprechend waren diese Heizplatten. Eine von oben drauf, eine von unten. Und die beiden wurden dann zusammengeschraubt.

Ewald Waschkowski: Mit Schraubzwingen.

Eitel Mantowski: Und dann, wenn das zusammengeschraubt war, dann kam Temperatur drauf, Strom drauf.

Recycling

Ewald Waschkowski und Eitel Mantowski im Gespräch

Ewald Waschkowski: Man musste natürlich auch Förderbänder komplett auswechseln. Aber man hat ja früher mehr gespart mit den Bändern. Die Bänder, die zum Feinkohlenturm raufgehen, die waren ja unheimlich lang. Und wenn diese Bänder runterkamen, ja, die wurden aufgespult und wurden dann auf der 6-m-Bühne eingebaut! Auf der 6-m-Bühne waren ja drei Bandanlagen. Also, die waren dann nicht neu, die Bänder, sondern waren die abgelegten Bänder vom Feinkohlen- oder Kokskohlenturm.

Eitel Mantowski: Und da konnte man die noch gebrauchen?

Ewald Waschkowski: Auf der 6-m-Bühne waren die noch zu gebrauchen. Da liefen die Bänder ja mehr oder weniger flach. Und zum Turm, da war ja volle Belastung drauf, da hat man neue Bänder genommen. Zum Feinkohlenturm. Von der 6-m-Bühne, Kopfseite der Kohlenwäsche nach Süden zu, da gingen zwei Bänder zunächst zum Eckturm. Und von da aus gingen die Bänder ja zum Turm hoch, zum Feinkohlenturm. Diese beiden Bänder, wie gesagt, wurden dann neu aufgelegt. Weil die ja am meisten ja beansprucht wurden.

Die Bandbrücke zum Kokskohlenbunker

Heinz Spahn

Das Bild zeigt das Schachtgerüst von Schacht 12 sowie den Kokskohlenbunker mit der dazugehörigen Bandbrücke. Vorne links ist ein Teilstück des Bergebandes der Berge-Notumfahrung zum Bergekontrollsieb zu sehen (Bergeverladung Sieberei). Der Kokskohlenbunker hatte ein Volumen von 3.500 t Kokskohle. Vorne rechts sieht man einen Teil der Kokskohlenverladung mit den Waggons.

Die lange Bandbrücke reichte vom Eckturm der 6-m-Bühne bis oben auf den Kokskohlenturm – das waren 176 Stufen. Wenn dort oben am Antrieb oder am Drehteller Reparaturen anfielen, musste man sein Gezähe mit Gas- und Sauerstoffflaschen auf dem Buckel nach oben schleppen. Man kann sich vorstellen, was da für Worte gefallen sind, wenn man diese Tortur geschafft hatte … darum brauche ich die hier nicht wiederzugeben.

Später haben wir diesen Transport nach oben auf den Gurtbändern durchgeführt. Das ist dann zwar immer noch eine Plackerei gewesen, aber anstelle der Schlepperei war es für uns alle eine ziemliche Erleichterung.

Anfahren

Ewald Waschkowski und Eitel Mantowski im Gespräch

Eitel Mantowski: Und wenn morgens die Morgenschicht kam, hat die Nachtschicht hat dann schon...

Ewald Waschkowski: Pumpen schon laufen lassen, Wasser, lief alles schon.

Eitel Mantowski: Die haben dann nachts, wenn die Schicht fast zu Ende war, den Betrieb schon laufen lassen.

Ewald Waschkowski: Da brauchten nur noch die Schieber aufgedreht zu werden, Kohle kommen lassen, also, die Plattenbänder laufen lassen auf der 31-m-Bühne, zu den Siebtrommeln. Die Grube hatte wahrscheinlich schon gefördert, aber dann lief ja die Förderung erstmal in den Bunker rein. Und wir haben dann, wie gesagt, kommen lassen. Die Wäsche im Leerlauf in Betrieb genommen. Das heißt soviel wie: Becherwerke laufen lassen, Klassiersiebe, alle Pumpen. Schlamm hatten wir noch nicht abgezogen, das musste die Morgenschicht machen. Das war für die Morgenschicht ja immer schön, das Anfahren.

Eitel Mantowski: Die Morgenschicht, die brauchte dann nur...

Aufgabeband der Rohkohle zur Siebtrommel (Leistungsfähigkeit: bis 500 t/h)

Ewald Waschkowski: ... Kohle aufzugeben. Und man konnte ja dann später 80 % der Wäsche-Maschinen von der Warte aus anfahren. Außer Pumpen. Ungefähr vier Jahre, bevor wir Schluss gemacht haben, war die Warte in Betrieb, sag ich mal. Und dann haben wir ja diese Monitore gehabt, da konnte man den Betriebsablauf feststellen, und wenn eine Störung war, haben wir einen extra Monitor gehabt, der zeigte dann die Maschinennummer an – welche Maschine da nicht lief. War eine feine Sache, von der Warte aus konnte man auch die Aufgabe der Kohle regeln.

Eitel Mantowski: Und vorher ging immer alles an den einzelnen Maschinen, manuell?

Der Bedienungswart der Wäschewarte auf der 24-m-Bühne. Von der Wäschewarte aus konnten ungefähr 80 % der Maschinen in Betrieb genommen und überwacht werden. Alle Störungen an den Maschinen wurden hier angezeigt.

Ewald Waschkowski: Der Pumpenwärter, der musste erstmal durchgehen, dann hat sagt er Bescheid gesagt: „Lass gehen." Kohle drauf, dann liefen die Bandanlagen an und alles.

Auch in der Rohkohle unter 80mm Durchmesser fanden sich beachtliche Mengen an Arbeitsmaterial von unter Tage, wie dieses Foto von 1952 zeigt.

Die Tagesschichten und der Untertagebetrieb

Ewald Waschkowski, Eitel Mantowski und Heinz Spahn im Gespräch

Ewald Waschkowski: Tagsüber hatten wir ja nur Bedienungspersonal gehabt. Und die mussten ja auf ihren Stationen aufpassen, dass alles reibungslos vonstatten ging. Jeder hatte seine Station gehabt, da war er für zuständig. Für die Wäsche pro Schicht außer Verladung zwölf Personen. Da waren zwei Setzmaschinisten, dann am Scheibenfilter ein Maschinist, 17-m-Bühne einer, das waren schon vier, dann auf der 6-m-Bühne zwei, waren's schon sechs, oben im Feinkohlenturm einer, da waren es schon sieben, der Pumpenwärter, waren schon acht, und zwei Handwerker, falls eine Störung war. Das waren schon zehn. Im Labor waren auch Leute, vier

Mann. Da kam schon etwas zusammen. Man musste alles beobachten, dass die Becherwerke normal laufen, dass da keine Störung bei dem Becherwerk auftritt, dass die Lager geschmiert sind, alles. Wir hatten ja auf der Mittagsschicht auch einen Schmierer gehabt. Der war da für die Bosch-Apparate, das waren ja riesige Pötte. Das war ja automatische Schmierung, damit das auch immer in Fett gehalten wurde.

Eitel Mantowski: Gab's denn auch mal Theater?

Ewald Waschkowski: Ich sag mal so. Theater gab es an und für sich nicht, nur: Wenn was zum Stehen kam, dann hatte man direkt alle am Telefon! Teilweise war der Rohkohlenbunker ja auch praktisch voll, konnte nichts mehr abfangen, die Kohle, die da von unter Tage kam. Und dann kam eine Störung, da hat man nicht viel Zeit gehabt! Wenn der Rohkohlenbunker leer ist, hat man anderthalb, zwei Stunden Zeit gehabt, etwas zu reparieren. Oder der andere Engpass war: Der Feinkohlenturm war voll. Kein Absatz! Die Kokerei nahm nix. Nichts zu verladen gehabt, keine Waggons. War dasselbe. Also warten. Ich hatte Telefonnummern gehabt im Buch bis

Im Hintergrund die Kokerei mit ihren sechs Schornsteinen. Davor die Feinkohlen-Verladung für die Kokerei mit einem noch gutgefüllten Kokskohlenlager. Im Vordergrund die Bahngleise der Zechenbahn. Hier wurden die Kohlenzüge im Rangierbahnhof zusammengestellt. Nach rechts führen die Schienen zur Kokerei sowie zum Bahnanschluss der Köln-Mindener Eisenbahn.

zum Betriebsführer von der Kokerei. Dass der wieder die Genehmigung gab: „Wir können ein paar hundert Tonnen Kokskohle abnehmen."

Heinz Spahn: Aber wenn wir eine Störung hatten, das hat keine halbe Stunde gedauert, sag ich mal jetzt, bis der Leitstand anrief von unter Tage. Oben im Büro war der K. dann immer dran, und der K. schickte den Vorarbeiter vom Labor zu uns Handwerkern hin: „Hör mal! Der wird da oben wieder nervös im Büro! Was ist da wieder los, wie lange dauert das noch!"

Die Aufsichtspersonen in der Warte der Kohlenwäsche der Zeche Zollverein Schacht 12 (von links): Ewald Waschkowski, Udo Hosse und Michael Birkner. Von dieser Warte aus konnten 80 % der Maschinen in Betrieb genommen werden. Die Pumpen der Wasserwirtschaft wurde aber immer manuell geschaltet.

Ich sag: „Sag dem, das dauert noch ein bisschen! Ein paar Schrauben kriegen wir nicht gelöst." Du konntest ja nicht immer mit einem Brenner dran! Ja, und das musstest du alles meißeln! Ach Leute! So was muss man gesehen haben! Dass das ein bisschen länger dauert! Dass die Brocken, die Werkzeuge erstmal geholt werden mussten!

Sonn- und feiertags in der Wäsche

Heinz Spahn

Die großen Reparaturen in der Aufbereitung wurden an den Wochenenden oder an Feiertagen, zum Beispiel Ostern oder Pfingsten, durchgeführt, denn dann standen ja die Räder alle still und es kam keine Kohle drauf. Wir Handwerker hatten da immer die Arschkarte gezogen. Wir kamen mit den Doppelschichten im Monat oft über dreißig Arbeitstage hinaus. Ich weiß nicht, wie es bei meinen Arbeitskollegen in den Familien war, aber ich weiß noch hundertprozentig, wie meine Frau zu mir sagte: „Unsere Familie oder

Eitel Mantowski, Detlev Spahn, Ewald Waschkowski und Heinz Spahn vor der Siebtrommel System I auf der 30-m-Bühne. Zu Betriebszeiten gab es dort immer sehr viel Staub und es war fürchterlich laut, denn in der Trommel wurde die Rohkohle vorgesiebt, das heißt: Rohgrobkohle wurde von Rohfeinkohle getrennt. Ostern und Pfingsten wurden die Siebsegmente immer ausgewechselt. Das war eine Knochenarbeit und bedeutete meist 12-Stunden-Schichten am Samstag, Sonntag und Montag bis zur Fertigstellung und einem Probelauf ... Auf gut deutsch: „Schnauze dick!"

linke Seite:
Heinz Spahn steht auf der 24-m-Bühne an der Rückseite eines Rohfeinkohlen-Becherwerks und stützt sich auf einen Hunt, wie die Transportwagen genannt wurden. Damit wurden schwere Ersatzteile, wie Pumpen oder Getriebe, vom Ersatzteillager auf der 12-m-Bühne der Sieberei zur Wäsche geholt.

die Zeche!“, ich könnte es mir aussuchen. Es ist aber dann noch alles zum Besten gelaufen. Denn durch die viele Mehrarbeit haben wir uns ja alle gut getan, finanziell gesehen, der eine mehr, der andere vielleicht ein bisschen weniger.

Um auf Ostern oder Pfingsten zurückzukommen: Da war meistens die Siebtrommel dran, System I oder II. War das immer eine Knochenarbeit! Oder an den Wochenenden, von der Nachtschicht am Freitagabend bis Samstagmittag: 16 Stunden Becherwerk auswechseln. Sonntagmorgen dann weiter, bis zur Fertigstellung mit Probelauf.

Aber ich muss auch mal meine anderen Kollegen erwähnen, auch sie waren gute Handwerker. Ohne sie würde nichts funktionieren, am Ende saßen wir ja alle in einem Boot. Wir Handwerker in der Aufbereitung waren schon eine gute Gemeinschaft. Sogar mit den Steigern oder Waschmeistern ging es prima, wenn auch nicht immer so, aber es ging. Nicht nur die Leute aus der Wäsche hatten ein hartes Los. Man muss auch die anderen Arbeiter hervorheben, die Firmen- oder die Werkstattarbeiter. Die Firmenarbeiter haben uns sehr viel vom Hals gehalten, etwa Neueinbauten. Und die Werkstattarbeiter kamen am Wochenende zur Reparatur. Wenn es diese Leute nicht gegeben hätte, glaube ich, wir in der Aufbereitung wären vor lauter Arbeit zu Grunde gegangen.

Natürlich gibt es nicht nur etwas über die Härte und Schwere der Arbeit zu berichten, sondern auch über einige schöne Schichten. Die waren dann ohne Störung, man hatte in der Werkstatt an der Richtplatte zu tun, leichte überschaubare Arbeit. Was soll man sagen, es wurde auch schon mal ein Bierchen oder Schnäpschen heimlich getrunken. Oder schon mal ein Geburtstag eines Arbeitskollegen leise gefeiert. Sogar unter Aufsicht. Aber auch nur bis zu einem gewissen Punkt, denn wenn etwas nicht ging, musste man ja eine Arbeit erledigen können und die Wäsche und die Räder am Laufen halten.

Und wenn dann die acht Stunden rum waren, ging’s zur Waschkaue, waschen, umziehen und dann ab nach Hause zur Familie, Frau und Kind – bis zum nächsten Tag in der Wäsche, in der Hoffnung, dass alles gut geht.

Nach diesem kleinen Beitrag über Arbeit, Schweiß, Dreck, Nässe, die man über sich hat ergehen lassen müssen, möchte ich noch etwas sagen. Wenn man nach all den vielen Jahren des Ruhestandes dann in der Kohlenwäsche auf Zollverein, mittlerweile Weltkulturerbe, zu Besuch ist, und mit der neuen freistehenden Rolltreppe zur Wäsche hochfährt, bekommt man doch so ein kleines Kribbeln im Bauch, wenn man dann dort ist und all die Maschinen, Becherwerke, Sichter, Flotation, Scheibenfilter, Setzmaschinen, Nusskohlensieb und so weiter sieht. Da denke ich immer: Heinz, du und deine Arbeitskollegen, was habt ihr nicht alles in den vielen Jahren hier geschafft. Für all die schwere Arbeit, die man so gar nicht richtig beschreiben kann und möchte, kann man nur sagen: „Helm ab zum Gebet."

Arbeiten an der Siebtrommel *Ewald Waschkowski*

Zunächst stand das Freiräumen der gelagerten Ersatzteile auf der 30-m-Bühne an. Die Werkstatthandwerker verluden dann die 16 Stück Siebsegmente vom Lagerplatz, Werkstatt Schacht 12, auf einen Bauwagen der Werksbahn. Der Bauwagen wurde unter der Kohlenwäsche vom Bahnbetrieb bereitgestellt. Während der Verladearbeiten wurde das Gleis gesperrt. Handwerker der Wäsche zogen per Portalkran die Siebsegmente zur 30-m-Bühne und lagerten sie dort. Da es sehr eng auf der Bühne war, mussten die Arbei-

Im Vordergrund eine der beiden Vorklassiertrommeln auf der 30-m-Bühne in der Kohlenwäsche: Trennung in 0–10mm und 10–120 mm // Leistung je Trommel: 500 t Durchmesser 5.500 mm auf der 30,3-m-Bühne // Länge der beiden Siebe: 4.500 mm Durchmesser des 0-10-mm-Siebes: 4.900 mm Durchmesser des 10-120-mm-Siebes: 5.500 mm

ter die Siebsegmente von Hand weitertransportieren. Das war eine körperlich sehr anstrengende Arbeit. Zum Abschlagen der Schrauben mussten die Wäschehandwerker Werkzeug sowie die Bremse vom Antrieb bereit stellen. Im Laufe der folgenden Woche entfernten die Handwerker alle Schrauben der Verkleidungsbleche der Siebtrommel, bis auf wenige Ausnahmen. Die Muttern der 24 Stück Haltestangen wurden mit Rostlösungsmitteln eingesprüht. Ein Arbeitsplan sowie die Einteilung der Handwerker für die Reparatur musste erstellt werden.

Die Erneuerungsarbeiten wurden dann zwischen Samstagvormittag und Sonntagmorgen durchgeführt. Pro Schicht waren zehn bis elf Handwerker nötig. Die ausgebauten Siebsegmente wurden von Handwerkern zum Montageloch auf der 30-m-Bühne transportiert und wurden dann auf einen Bauwagen im Bahnhof verladen. An der Siebtrommel ersetzten die Handwerker die neuen Siebsegmente. Im Übrigen: Schweiß- und Brennarbeiten waren im Bereich der Siebtrommel verboten. Die letzte Reparaturschicht führte Abdichtungs- und Reinigungsarbeiten sowie den Probelauf durch.

Die Siebtrommel, System II

Heinz Spahn

Einmal hatten wir die Siebtrommel System II auszuwechseln, und da hat so manch einer Blut geschwitzt: Die neuen Siebsegmente passten im gewalztem Bogen nicht. Der innere Kranz ging ja noch, aber der äußere Bogen, da ging vorne und hinten nichts. Was und wie da improvisiert wurde, das war klassisch. Alles großer Mist. Trotzdem, wir haben das Ding zum Laufen bekommen. Aber Tage später kam es zum großen Knall! Damit ist die Siebtrommel System II sozusagen zur „Ersten Klasse der Störungen“ in die Geschichte der Aufbereitung eingegangen. Was da alles passiert ist, kann man gar nicht beschreiben. So etwas muss man selbst gesehen und miterlebt haben. Das war selbst für uns Handwerker zu viel des Guten. Eine Firma übernahm dann diese Baustelle. Gut für uns.

Die Sache mit der Siebtrommel

Heinz Spahn und Ewald Waschkowski im Gespräch

Heinz Spahn: Ostern oder Pfingsten war das immer gewesen, da kamen dann die größeren Reparaturarbeiten. Die Leute wurden eingeteilt, dann waren wir auch mit Werkstattleuten unterwegs. Der Eitel, der war auch ein-, zwei- oder dreimal mit dabei. Und da wurden dann immer die Siebtrommeln gewechselt. Das heißt, die Siebtrommeln, die sind ja zweilagig mit Sieben belegt, also zwei Siebe drin, ein größeres und ein kleines. Pro Belag sind das 80 Mäntel gewesen, für eine Rundung. So um 1975 war das. Ja, wir haben losgelegt, die Leute waren eingeteilt, alle wussten Bescheid, was zu tun war. Erstmal wurde Verkleidung und alles weitere abgebaut. Und dann die Siebe: Der äußere Kranz wurde erst ganz abgebaut. Und danach geht das mit dem inneren Kranz los. Segment raus, neues Segment rein. Das nächste raus, das nächste rein, bis der innere Kranz fertig war.

Ewald Waschkowski: Ja, du musst das so sagen, Heinz: Der äußere Ring wurde komplett abgebaut. Der hat ja nichts mit der Festigkeit zu tun gehabt. Die Büchsen wurden alle raus genommen, wurden gezeichnet, die waren ja auch unterschiedlich, weil die Trommel ja konisch war. Die war ja nicht zylindrisch. Und wenn man jetzt den inneren Ring auswechselt: Was raus kam, kam direkt neu rein wieder.

Heinz Spahn: Und hinten vor Kopf wurden die dann, an dem Rückenblech, an der Rückenwand, verschraubt. Naja, das war nicht so schlimm, wenn mal ein paar Löcher nicht gepasst haben. Dann habe wir die nachgestochen. Dann war das in Ordnung gewesen, hat gepasst. Aber jetzt kam der Außenring. Ja, da ging es zur Sache. Den Innenring, den haben wir noch einigermaßen zusammengekriegt, aber der Außenring!

Ewald Waschkowski: Der war nicht mehr rund, das war ein Ei.

Heinz Spahn: Das war ein Ei geworden! Ja. Da fehlten nachher zehn bis zwölf Zentimeter, so ungefähr – fehlte! Es musste aber zusammenpassen! Es musste zusammengehen. Hätte rund sein müssen jetzt, aber es fehlte ein Stück. Das kriegten wir nicht zusammen. Dann haben wir das mit Gewalt gemacht. Das könnt ihr euch nicht vorstellen, wie! Wir haben uns die dollsten Klamotten einfallen lassen. Mit Bohlen, mit Holzstücken, aufgeschnitten, was reingesetzt, und wieder zugeschweißt, und was nicht alles.

Ewald Waschkowski: Ja, es ist ja noch eins gemacht worden. Zwischen innerem Ring und äußerem Ring waren Distanzstücke. Da ist man hergegangen, hat den Außenring wieder abgebaut, die Distanzstücke dementsprechend kürzer gemacht, damit dann...

Heinz Spahn: Damit der Außenkranz, wenn der Radius dann verengt wird, kleiner wird, dann kriegt man ein bisschen mehr Luft. Aber es fehlten immer noch sieben bis acht Zentimeter.

Ewald Waschkowski: Dann haben wir nachher, wie gesagt, Holz zwischengelegt.

Heinz Spahn: Dann haben wir Holz zwischengelegt – was blieb uns denn übrig, das musste ja morgens laufen! Und die Leute wollten ja nach Hause! Wir waren jetzt schon zwölf Stunden und noch länger da und es war

Blick in das Innere der Siebtrommel. Deutlich sieht man die Speichen sowie die Mittelachse, um die sich Reste von Arbeitsmaterial von unter Tage gewickelt haben: Seile, Schläuche oder Ketten, die mit der Rohkohle von unter Tage kamen.

Feiertag gewesen! Abends, 20 Uhr, waren wir immer noch nicht fertig. Auf jeden Fall haben wir es irgendwann zusammengekriegt, und um 22 Uhr waren wir in der Kaue, dann ab nach Hause. Und drei oder vier Tage später ging das los: Der erste Speichenbruch. Da haben wir einen Stopper in der Rutsche gehabt: „Was ist denn da los? Da ist eine Speiche angekommen!" „Wie, eine Speiche angekommen?" Und zwar aus der Siebtrommel raus, über die Rohgrobrutsche, die auf das Gurtband drauffführt. Da hing schon die erste Speiche drin. Oh! In der Siebtrommel nachgeguckt – oh! Was ist denn da drin! Ach, du Scheiße! Da hingen jetzt in der Trommel nur noch so Speichen dran, die aussahen wie so lose Zahnstocher. Ja, und dann ging das da zur Sache. Da haben dann wir ein paar Tage mit rumgedoktert, das Ende vom Lied war: zwölf oder vierzehn Speichen, die waren alle abgebrochen! Ihr glaubt gar nicht, was wir da drin geschweißt haben, alles wurde probiert. Das hat acht Stunden, zehn Stunden gehalten, aber – die Unwucht war immer noch da. Ja. Und dann wurde neu bestellt, ganz schnell, so schnell wie möglich. Neue Speichen, alles wurde neu gemacht, das hatten die alles ja auf'm Papier hier gehabt, die Zeichnungen waren ja da. Ich weiß nicht, ob die unten in der Werkstatt gemacht worden sind, oder ob die bestellt worden sind von der Firma, das kann ich jetzt nicht mehr sagen. Ja, und dann ist es wieder repariert worden. Alles wieder raus, neue Siebe rein. Aber danach war das auch in Ordnung. Aber so ist das passiert, mal richtig, mal im Leben.

Ewald Waschkowski: Ja, das waren Experimente, ich sag euch was.

Dezibel

Ewald Waschkowski, Heinz Spahn und Eitel Mantowski im Gespräch

Heinz Spahn: Die lautesten Stellen in der Kohlenwäsche sind immer gemessen worden, dann kamen die von der Bergbau-Berufsgenossenschaft.

Ewald Waschkowski: Das war unterschiedlich laut. Die 24-m-Bühne war am lautesten.

Heinz Spahn: 24-m-Bühne, wo die Drehkolbengebläse waren. Die brauchten wir für unsere Luft. Und da waren bis zu 107 Dezibel.

Eitel Mantowski: Oh. Das ist viel.

Heinz Spahn: Und an den Setzmaschinen, da waren so um die 80 Dezibel. Also, das waren so die lautesten Stellen. Da ging nix mehr. Und als es noch keinen Gehörschutz gab früher, da hatten sie ja gar nichts gehabt als Schutz oder haben sich Putzwolle in die Ohren gesteckt. Vor allem dieses Drehkolbengebläse, das hab ich bis weit hinaus nach Stoppenberg gehört.

Reparaturen am Holzbein

Ewald Waschkowski und Heinz Spahn im Gespräch

Ewald Waschkowski: Einer bei uns an der Flotation, der hatte ein Holzbein gehabt. Naja, auf jeden Fall komm ich an einem Nachmittag ins Büro rein, da hatte der das Holzbein durchgebrochen! Da hatte die Aufsicht der Mittagschicht Isolierband drumrum geklebt. Das hat aber nicht gehalten. Hab' mir das angeguckt: „So geht das nicht", sag' ich, „wartet mal." Ich bin zu unserem Vulkaniseurraum gegangen und hab' diese Krampen da für die Bänder geholt, mit denen man die Scharniere annagelt.

Heinz Spahn: Die Klammern!

Ewald Waschkowski: Die haben wir genommen, und dann: Prothese rundrum mit diesen Krampen befestigt.

Heinz Spahn: Wie so Tackerkrampen, so kleine, die waren bloß ein bisschen stabiler gewesen.

Ewald Waschkowski: Und dann Isolierband drum, damit das wenigstens glatt aussah, probiert – „Hält! Ist nur ein bisschen schwerer, merk ich gerade", sagt der Kollege. Aber der ist da noch eine ganze Zeitlang mit rumgelaufen! Obwohl er natürlich sofort eine neue Prothese bekommen hat von der Unfallgenossenschaft.

Bergrecht

Ewald Waschkowski und Heinz Spahn im Gespräch

Ewald Waschkowski: Die Leute haben sich immer beschwert, wenn die Wäsche wieder ausgefallen war, also, wenn der Elektrofilter ausgefallen war. Der blies ja nur raus, wenn eine Störung war. Dann ging der Kohlenstaub über das Wäschedach ab.

Heinz Spahn: Durch die Explosionsklappen wurde der Staub ausgeblasen, oben auf dem Dach.

Ewald Waschkowski: Der ganze Staub, der flog bis zur Gelsenkirchener Straße! Da haben die Leute angerufen: „Die Wäsche, die staubt wieder!"

Heinz Spahn: Ooohh, dann stand die Polizei da, mit Megaphon. Das mit der Polizei, das ist Tatsache. Die kam, und dann durften sie nicht drauf auf's Gelände. Soll Bergrecht gewesen sein. Dann standen die mit dem Megaphon da draußen! Da waren ja auch Gärten gewesen, wo jetzt der große neue Parkplatz auf Schacht 12 ist. Da haben die Leute ja auch Wäsche hängen gehabt und alles!

Blick auf den Eindicker für den Bergeanteil aus der Flotation, im Bereich der Halde von Schacht 12

Überfordert?

Eitel Mantowski

Wenn ich lese, dass meine Kollegen aus der Wäsche bei größeren Störungen, die beseitigt werden mussten, schwere körperliche Arbeiten, gefährliche Arbeiten zu verrichten hatten – und das sollte schnell gehen im Förderbetrieb! – kann man sich vorstellen, dass ihnen oft in der Pause der Hunger vergangen war und sie nur einen Wunsch hatten: die Glieder lang zu machen auf der Bank, wenn auch nur für 15 Minuten.

Ich kenne das aus eigener Erfahrung, zum Beispiel vom Seilauflegen, egal auf welcher Schachtanlage auf Zollverein. Die Arbeit musste fertig werden, die Seile mussten aufgelegt sein, die Maschinen mussten laufen, erst dann war Feierabend! Mein Gedanke war: Jetzt ins Bett und viel schlafen! Aber nach 15 Minuten war ich wie durch einen Schock hellwach und nass geschwitzt. Mit Schlaf war nichts mehr. Ich wollte schlafen und konnte nicht. Ich lag müde und kaputt im Bett und konnte nicht schlafen.

Ursache für diese Reaktion war körperliche Überforderung. Ich musste erst abschalten. Das tat ich dann, durch Beschäftigung im Garten, oder ich setzte mich zu Hause hin, etwas essen und trinken, Zeitung lesen und langsam zur Ruhe kommen. Dann konnte ich auch schlafen.

Es waren bei diesen Reparaturen schließlich oft 16–20 Stunden Arbeit am Stück, und dazu noch körperlich schwere Arbeit. Aber ich habe es überstanden. Ich lebe noch.

Der Zechenbahnhof

Ein Eisenbahner auf Zollverein

Karlheinz Bunk

Karlheinz Bunk (mit Helm) beim Pressetermin anlässlich der ersten Installation von Bremsdruckgas-Behältern auf dem Zechenbahnhof Zollverein

Am 30. März 1930 wurde ich in Gelsenkirchen geboren. Mein Vater war Schachtsteiger auf der Zeche Consolidation. Den Abschluss der Volksschule machte ich in der Kinderlandverschickung im Lager Schliersee 1944. Ab dem 1. Februar 1944 war ich dann zunächst als Postfacharbeiter bei der Hauptpost in Gelsenkirchen in der Ausbildung, bis ich im März 1945 mit dem letzten Sonderzug aus Gelsenkirchen mit der Mutter wieder evakuiert wurde. Dort, in Berghausen, habe ich bis September 1945 beim Bauern gearbeitet. Am 2. Oktober 1945 wurde ich dann bei der Reichsbahn als Jungwerker eingestellt und machte eine Ausbildung im Eisenbahnbetrieb. Seit Juni 1957 war ich als Bundesbahnassistent verbeamtet.

Der Wechsel von der Bundesbahn zur Zechenbahn- und Hafen-

Anschlüsse an Transportnetze gehören zu den wesentlichen Bestandteilen aller Zechen. Kann kein Wasserweg zum Abtransport der Kohle genutzt werden, erfolgt der Transport über Schienensysteme. So gut wie jede Schachtanlage war mit eigenen Bahnanschlüssen versehen. Der Zechenbahnhof von Zollverein Schacht 12 umfasste ursprünglich 21 Gleise. Im Ruhrgebiet entstand ein ausgesprochen dichtes Schienennetz, das ein Verbindungsnetz, wie es allein für den Personenverkehr nötig gewesen wäre, bei weitem übertraf. Im Bereich des in Tonnenkilometern berechneten Güterverkehrs ist die Region bis heute der größte Eisenbahnkomplex des Kontinents. Auf die Kohle als typisches Schienentransportgut entfiel dabei der größte Teil. Gütertransporte durchzogen die Stadtteile. An vielen Stellen sind heute noch alte Brücken oder die Brückenköpfe der abgerissenen, nun nicht mehr benötigten Brücken zu sehen. Zu den Gütertransporten der Zechen und der angeschlossenen Industrieanlagen auf Normalspur kamen zusätzlich die Übertagetransporte der Zechen auf schmalspurigen Feldbahnen, oftmals auch über Brücken. Von Zollverein Schacht 6/9 etwa wurde so bis in die 1920er Jahre Kohle zur Aufbereitung zur Schachtanlage 1/2/8 gebracht.

Dieses Luftbild von Nordosten aus dem Jahre 1932 gibt einen guten Überblick, wie umfangreich schon damals die Gleisanlagen auf Zollverein waren.

verwaltung der Hibernia mit Assistententätigkeit in allen Bereichen der ZuH kam am 1. Oktober 1964. Ab Januar 1972 wurde ich dann als Bereichsleiter im Eisenbahnbetrieb Mathias Stinnes, Prosper, Nordstern, Hugo, Emil/Fritz, Zollverein, Bonifacius, Rheinelbe, Holland, Alma, Thyssen (Eisenwerke Gelsenkirchen) eingesetzt.

Am 1. Oktober 1982 wurde ich als Vertreter des Leiters Bahnbetrieb bestellt, bis ich 1992 in den Ruhestand ging.

Im Lokschuppen

Karl Bäcker

Nachdem ich zwei Jahre in der Landwirtschaft meiner Eltern im Raum Osnabrück tätig war, begann ich meine Lehre am 1. Februar 1946 in der Dorfschmiede. Außer dem Schmiedehandwerk lernte ich Hufbeschlag, Wagenbau und Reparatur an Landmaschinen. Nachdem ich nach drei Jahren meine Lehre abgeschlossen hatte, war ich als Geselle in der Schmiede tätig.

Zu dieser Zeit, Anfang der 1950er Jahre, gab es in meinem Beruf wenig Arbeit. Nach langer Überlegung habe ich mich dann entschieden, in den Bergbau nach Essen zu gehen. Ich begann dort meine Arbeit als Grubenschlosser auf der Zeche Ernestine in Essen Stoppenberg. Die Arbeit unter Tage war nicht mein Fall, zwei Jahre habe ich ausgehalten. Nach mehreren Bewerbungen kam ich zu einer Firma, die Kunst- und Bauschlosserei machte. Ich wurde dort eingestellt und hatte dann erstmal sechs Wochen Probezeit, es lief alles gut. Meine Arbeit war Stahltürenbau und Lehrlingsausbildung. Diese Arbeit hat mir viel Spaß gemacht.

Leider ging die Firma nach vier Jahren in Konkurs, da war alles wieder offen. 1956 habe ich dann geheiratet, da stand Wohnungssuche auf dem Plan, es war sehr schwierig. Wohnungen gab es nur, wenn man im Bergbau tätig war! Ein Verwandter meiner Frau war auf Zollverein 3/7/10 über Tage beschäftigt. Bei einer Unterhaltung sagte er zu mir: „Mensch, Karl, ich frage mal den Meister von der Schlosserei."

Nach Aussage des Meisters dort sollte ich mich auf Schacht 1 im Betriebsbüro melden. Nach Überprüfung meiner Zeugnisse meinte der Betriebsführer zu mir: „Sie bleiben hier auf Schacht 1/2." Er bot mir einen Arbeitsplatz als Heizer auf der Dampflok an. Mit diesem Angebot war ich nicht ganz einverstanden. „Ach", sagte er dann, „fangen Sie erstmal im Lokschuppen an."

Der Lokschuppen lag am alten Straßenbahndepot an der Gelsenkirchener Straße, es war ein halbrunder Bau mit davorliegender Drehscheibe für die Loks. In dem halbrunden Bau waren sechs Stände mit Montagegrube. Dieses Gebäude war außerdem ausgestattet mit einer kleinen Werkstatt, Werkbänken, Drehbank, Amboss und Schmiedefeuer, Umkleideraum und einer kleinen Kaue. Am 28. März 1958 begann dort meine erste Schicht. Wir waren dort etwa acht bis zehn Handwerker. Die Hälfte der Leute spielte bei Sportfreunde Katernberg, wobei der Betriebsführer bei Sportfreunde im Vorstand war. Und jetzt waren alle erstaunt – wie kommt der Karl in diese Runde? Ich habe mich dann bei dem Meister und den zukünftigen Arbeitskollegen vorgestellt.

Die Zecheneigentümer bauten schon seit dem 19. Jahrhundert eigene Siedlungen, was wegen der durch den Bergbau stark steigenden Bevölkerungszahlen in den Ruhrgebietsstädten dringend nötig war. Sie versorgten ihre Belegschaften mit Wohnraum, der verhältnismäßig günstig war und dadurch das finanzielle Auskommen der Arbeiter erleichterte. Dadurch sollten Arbeiter aber zugleich auch angeworben werden. Die Vermietung der Wohnungen war außerdem an den Arbeitsvertrag gebunden - verließ man die Zeche, musste man die Wohnung verlassen. Fluktuation sollte so unterbunden werden. Allein bis zum Ersten Weltkrieg sind auf Zollverein über 500 Arbeiter- und Beamtenhäuser entstanden.

Wir waren zuständig für die Reparaturen an Dampfloks, den Schächten 1 und 2 und den Heizanlagen über Tage. Im Laufe des ersten Arbeitstages sprach der Meister mich an: „Am Wochenende werden auf Schacht 1 neue Förderkörbe eingebaut. Wir arbeiten dann am Samstag und Sonntag zwölf Stunden. Wenn Sie wollen, sind Sie mit dabei.“ Der Meister sah mir wohl an, dass ich etwas erstaunt war. „Ja“, sagte er, „wenn Sie Ihr Geld verdienen wollen, müssen Sie Überstunden machen.“ In der Hinsicht war es wohl zu der Zeit so wie heute. Es war für mich alles Neuland.

Und jetzt zu den Loks. Es waren dort etwa sechs Dampfloks im Umlauf. Die Loks waren von der Firma Henschel, Dreiachser und Vierachser. Eine der Loks war aus Ostdeutschland, von der Firma Schwarzkopf. Bei der Schwarzkopf mussten teilweise die Verschleißteile angefertigt werden, zum Beispiel Bremsgestänge. Das war Schmiedearbeit. Die Arbeit an den Loks war manchmal schwer, denn die Feuerstelle der Loks bestand aus 20 mm Kupferwandung, worin die Siederohre eingebördelt waren. Nach geraumer Zeit wurden die Siederohre in der Kupferwand undicht und mussten nachgearbeitet werden.

Im Jahr 1963 wurde ich dann mit zwei Kollegen abgestellt für die Schächte 1 und 2. Schichtbeginn war jeden Morgen um fünf Uhr. Die erste Aufgabe war morgens die Kontrolle der Förderseile, Förderkörbe und Fördermaschinen. 1967 wurde ich dann als Vorarbeiter im Förderbetrieb auf Schacht 12 übernommen. Mein letzter Arbeitstag war am 31. August 1984, und seitdem bin ich im Ruhestand.

Der Zechenbahnhof

Eitel Mantowski

In einigen Bereichen von Schacht 12 fällt auf, dass Gebäude sozusagen auf Säulen stehen. Natürlich gab es dafür einen Grund. Unter diesen Gebäuden fuhr die Zechenbahn. Die Gleise sind zum Teil auch heute noch zu sehen. Ohne weitere Umwege sollte die aufbereitete Kohle direkt aus den Gebäuden verladen und zum Abnehmer transportiert werden. Unter der Lesebandhalle wurde große Stückkohle für Dampflokomotiven verladen, unter der Wäsche lagen die Gleise zum Verladen der Nusskohle, die hier auch gleich gewogen wurde. Zu Bewegen der Waggons war neben den Gleisen eine Spillanlage, ein langes Seil. So konnte zum Beispiel der Verwieger von der Kohlenwäsche aus die Wagen bewegen.

Eisenbahn im Bergbau

Karlheinz Bunk

Bei der Gründung des Bergwerks Zollverein 1847 erkannte Franz Haniel ein wichtiges Bindeglied zwischen Produktion und Absatz, nämlich den Transport. In kluger Voraussicht wählte er den Standort seines Bergwerks unweit der gerade fertiggestellten Köln-Mindener Eisenbahn. Als Transportunternehmer von Massengut auf dem Rhein hatte er hinreichend Erfahrung gesammelt. Mit dem Bau der Eisenbahnstrecken war ein wichtiger Grundstein für den Massentransport von Kohle gelegt. Die Bergwerks-Gesellschaften waren brennend an dieser Entwicklung interessiert und beteiligten sich am Ausbau von Eisenbahnstrecken. Die Bergwerke selbst erstellten Anschlussgleise zu den regulären Hauptstrecken.

Hierzu eine nette Geschichte: Das Bergwerk Graf Bismarck im Norden der Stadt Gelsenkirchen bemühte sich, einen eigenen Gleisanschluss vom Förderstandort Bismarck zur Emschertalbahn im Ortsteil Gelsenkirchen Schalke zu erstellen. Die Planung dieses Anschlussgleises war mit Skepsis verbunden. Die Eisenbahntrasse führte durch ein Feuchtgebiet und man befürchtete, dass die schweren Lokomotiven im schwammigen Boden versinken würden. Die Mehrheit der Verantwortlichen entschied sich deshalb

Ein Blick auf Schacht 12: links das Kesselhaus, weiter rechts ragt das Fördergerüst von Schacht 12 heraus, rechts daneben der Kokskohlenbunker und die Kohlenwäsche. Die Zeche benötigte ursprünglich 141 Eisenbahnwaggons. Die Gleisanlagen führten nach links in Richtung Lokschuppen. Von dort aus ging es über Schacht 3 nach Schacht 4 und weiter bis zur Kokerei Nordstern am Rhein-Herne-Kanal. Die Kohle wurde dort auf Schiffe verladen, die sie weiter zu ihrem Bestimmungsort transportierten.

für eine Pferdebahn. Der technische Erfahrungsschatz war aber schon bald gegeben und anstelle der Pferdebahn entstand einige Zeit später nun doch eine Eisenbahn.

Die technische Entwicklung der Eisenbahn wurde von den Bergwerken weitgehend akzeptiert und eingesetzt, moderner Gleisbau sowie rollendes Material wurde der Staatsbahn angepasst. Dazu kommt die Modernisierung der Anschlussbahnhöfe, Zentralstellwerke, Zugmeldeverfahren, optimale Sicherung von Rangier- und Zugfahrten. Ein wichtiger Grundsatz im Eisenbahnbetrieb lautet: „Wer Fahrzeuge bewegt, ist für die sichere Durchführung verantwortlich." Unterstellt ist der Eisenbahnbetrieb im Bergbau dem jeweiligen Tagesbetrieb, verantwortlich für die Durchführung des Betriebes ist der Tagesbetriebsführer. Die Gesamtaufsicht im Bergbau obliegt den Bergämtern. Das Eisenbahn-Bundesamt bestimmt einen Verantwortlichen, den LfB, den Landesbevollmächtigten für Bahnaufsicht von Werksbahnen. Die Zechenbahn ist im Sinne des Gesetzgebers eine Werksbahn. Die Mitarbeiter im Eisenbahnbetrieb erhalten eine Ausbildung entsprechend der gesetzlichen Auflagen und der internen Betriebsvorschriften. Im Rahmen einer Prüfung muss der Mitarbeiter seine Befähigung nachweisen, muss hör- und sehtauglich sein. Alle zwei Jahre erfolgt eine Wiederholungsuntersuchung auf Tauglichkeit beim Bahnarzt.

Verladung der Waschberge in Waggons. Die beladenen Waggons wurden von Schacht 12 zur Halde Schurenbach transportiert und dort entleert.

Die Tätigkeit eines Eisenbahners im Betriebsdienst ist mit erheblichen Gefahren verbunden, daher der Grundsatz: „Vorsicht ist keine Feigheit und Leichtsinn kein Mut.“ Aber trotz aller Vorsicht passieren Unfälle. Zum Beispiel konnte man beim Auf- und Abspringen vom rollenden Fahrzeug erfasst werden und dabei ein Bein verlieren – Rangierer führten früher Gurte mit sich, um sich im Ernstfall Gliedmaßen als Sofortmaßnahme abbinden zu können.

Ein spektakulärer Unfall, glücklicherweise ohne Personenschaden, ereignete sich bei einer Rangierfahrt über die Brücke Arendahls Wiese: Ein DB-Seitenkipper entgleist, beladen mit Nuss 4. Die Klappen springen auf, und zufällig befindet sich unter der Brücke ein PKW und wird mit Kohlen vollends überschüttet! Aber der Fahrer kam mit dem Schrecken davon.

Gütertransportwagen im Zechenbahnhof von Zollverein Schacht 12.

Arbeiten an den Seil-Spillanlagen unter der Kohlenwäsche und dem Feinkohlenturm

Heinz Spahn

Das waren auch immer wieder Probleme und neue Erfahrungen, ob im Sommer oder im Winter. Vor allem, wenn eine Abnahme der Anlagen anstand. Es kam dann immer ein TÜV-Abnehmer von der Bundesbahn. Da stand alles stramm, wenn der Kerl da war. Naja, die Sicherheit ging ja vor.

Tage zuvor wurden kleine und etwas größere Reparaturarbeiten ausgeführt. Zum Beispiel mussten die Seilführungsrollen alle laufen und durften nicht eingefahren sein. Die Stehlager von den Umlaufrollen wurden erneuert, wenn sie nicht in Ordnung waren. Auch die Seilklemmen an den Antriebsrädern mussten immer erneuert werden. Mann, war das eine Fummelei. Diese Druckklemmen waren nicht so einfach ein- und auszubauen. Da musste man schon auf seine Finger aufpassen. Die Gleiswaage wurde gerei-

Das Seil der Spillanlage soll eigentlich leicht über diese Seilführungsrollen gleiten (siehe auch das Bild auf der Nebenseite). Aber die Berge neben den Gleisanlagen bringen die Rollen immer wieder zum Blockieren: Die Rollen werden durchgeschliffen und es besteht Gefahr, dass die Seile der Spillanlage blockieren.

Dieses Bild zeigt eine Spannstation einer Spillanlage im Bahnhof der Kohlenwäsche mit defekten Auflagen und Gitterrosten. Diese Auflagen sahen nicht immer so leicht beschädigt aus, meist war es schlimmer, wenn vergessen wurde, das Seil der Spillanlage vom Zug abzuhängen und der Lokführer trotzdem losfuhr. Na denn: „Gute Nacht!“

nigt, ebenso die Spannstationen. Und die Laufgitter, Station Abdeckung, durften nicht defekt sein oder lose aufliegen.

Und dann kam Tag X: Der Bahninspekteur erschien, ein Steiger, zwei Handwerker und ein Verwieger wurden zur Überprüfung abgestellt. Da wir ja zwei Arten von Spillanlagen hatten, waren auch die Prüfungen unterschiedlich. Aber im Endeffekt musste alles seine Richtigkeit haben. Denn Sicherheit war alles. Die zwei Arten von Spillanlagen waren folgende:

Bei den Spillanlagen System I und System II der Nusskohlenverladung unter der Wäsche ging die Zugkraft des Seils über das Antriebsrad mit den Seildruckklemmen. Wir hatten da schon den Dreh raus und haben nicht alle Klemmen erneuert, sondern ein paar alte dringelassen, sodass beim Vor- und Rücklauf drei Tonnen Zuglast entstand, oder zwanzig Waggonachsen, mehr durfte nicht sein.

Bei der anderen Anlage unter dem Feinkohlenturm ging die Zugkraft von einer Drucklamelle im Antriebsgetriebe aus. Mann, war das ein Mist, das

Ding richtig einzustellen. Der Bahnprüfer hatte eine Zuganzeige mit. Diese wurde mit Seilschlupp und Schäkel an der Gleisanlage befestigt, mit der anderen Seite dann am Seil, und los ging's: Einmal Zug vor und einmal zurück, um die Zugkraft festzustellen. Wenn die Zuglamelle drei Tonnen anzeigte, war's gut, wenn nicht – neu einstellen. Man musste dann immer den Getriebedeckel losschrauben und dann im Öl die Lamellen loser oder fester schrauben. Der Bahnprüfer hat dann schon mal gesagt, bei einer halben Tonne Differenz ist es gut.

Aber einmal war ich, glaube ich, nicht so recht bei der Sache. Da ist mir beim Einstellen der Lamelle ein Fehler unterlaufen. Statt die Lamelle zu lösen habe ich sie angezogen. Aber da konnte man sehen, wie viel so ein Seil aushalten kann! Das Ding hat gezogen – und uns sind die Bahnschwellen nur so um die Ohren geflogen! Die Zuganzeige stand bei achtzehn Tonnen Zugkraft still! Mann, war das ein Schreck. Aber sonst war alles heile. Alles wurde nochmals neu eingeschert, und es hat dann auch gepasst. Alle waren zufrieden.

Aber es ging auch anders, und zwar wegen der Rangierer und Lokführer. Wenn man die dann gekriegt hätte, wäre, so glaube ich, manchmal ein Hackenstil gut gewesen … Es ist dann so gewesen: Wenn der Zug beladen war und rausgefahren werden sollte aus der Anlage, ins normale Bahnnetz – und das Seil der Spillanlage war nicht abgehoben worden, ja, dann konnte man die Teile von der Anlage überall aufsammeln. Der Rangierer hatte nicht aufgepasst, der Lokführer fuhr los, und das Ei war gelegt. Meistens kurz vor Schichtende. Naja, das Seil war hin, zwei oder drei Umlenkrollen kaputt und noch so ein paar Dinge in den Dreck gefahren. Dann ging's rund! Wer macht länger oder doppelt Schicht? Es musste ja alles wieder erneuert werden. Neues Seil auflegen, neue Rollen einbauen, und wenn die Spannvorrichtung auch noch einen mitbekommen hatte, musste dort ebenfalls alles gerichtet werden. Die alte Spannvorrichtung unter der Wäsche – das war eine Kurbelei. Drei Tonnen Gewicht über eine von Hand gedrehte Kurbel hochziehen. Leck mich an die Duppa! Dann die neue Seiltrommel vor Ort transportieren und aufbocken. Wir haben wie die Wolgaschipper das Seil über die Schulter gelegt und sie gut 600 Meter durch den Bahnhof geschliffen. Neu aufgelegt, mit einer neuen Anschlagkette versehen, die Seilenden mit den Seilkauschen neu eingeschmolzen. Es musste ja alles sofort richtig sein, denn das neue Seil musste auch wieder richtig stramm sein. Leute, Ihr könnt es mir ruhig glauben, das war richtige, gekonnte Scheiß-Arbeit. Im Sommer ging es noch, aber im Regen oder im Winter – was haben wir manchmal geflucht und geschimpft.

Aber wie immer: Arbeit fertig, eine Kontrollfahrt durchgeführt, und alles war wieder vergessen.

Die Brücken, die Schacht 12 mit der Anlage 1/2/8 verbinden, führten nicht nur die Kettenbahn, die die Förderwagen zog, sondern hier entlang führte zu Schichtbeginn auch der reguläre, aber nicht überdachte Weg von der Waschkaue zum Arbeitsplatz. Artur Vierling und Alyos Gabriel betrachten am Stellwerk vor Schacht 1 die Kettenbahn, die sie oft reparieren mussten, da sie zum Arbeitsbereich der Sieberei-Handwerker gehörte.

Die letzte Schicht auf Zollverein

Heinz Spahn

Jawohl, dieser Tag und Abend in einer großen Gartenlaube in Altenessen war für uns alle, die auf diesem Foto zu sehen sind, ein Erlebnis. Wir haben an diesem Tag die Sau rausgelassen. Nicht nur vom Essen her, ein richtig großes Spanferkel wurde verdrückt … Den Kneipier haben wir so nebenbei auch noch trocken getrunken. Es gab zu später Stunde nur noch Tee und Kraneberger. Mit anderen Worten, das war wirklich eine schöne letzte Schicht.

Albert Bock (mit Mütze) mit Besuchern
vor dem Kesselhaus mit seinem mächtigen Schornstein.

Die alten Zollvereiner

Eitel Mantowski

Wenn man von Zollverein spricht und von Menschen, die Zollverein bewegt haben, sollte man an zwei Männer denken, an Albert Bock und an Otto Adomat. Viele Zollvereiner können sich noch gut an die beiden erinnern. Was wir über sie wissen und schreiben, soll auch für viele andere gelten, von denen wir nichts wissen und nichts schreiben können.

Albert Bock kam als junger Schlosser aus seiner Heimat Glogau in Schlesien ins Ruhrgebiet. Er fing als Schlosser auf Schacht 3/7/10 auf Zollverein an. Er ist von 3/7/10 sehr früh nach Schacht 12 verlegt worden, um dort bei dem Aufbau und Einrichtung der neuen Schachtanlage mitzuwirken. Um 1930 soll er zu Lauchhammer bei Dresden gefahren sein, um sich um

Typenschild eines in der Kohlenwäsche von Schacht 12 verwendeten Lauchhammergetriebes

Junge Übertage-Arbeiter auf Schacht 3/7/10 im Jahr 1918: Die Arbeitskleidung stellte man noch selbst und wer kein Geld für Lederschuhe hatte, trug Holzschuhe. Die Schichtlänge schwankte nach dem Ersten Weltkrieg und noch Anfang der 1920er Jahre aufgrund politischer Veränderungen zwischen acht und zwölf Stunden, von denen zehn als Arbeitszeit angerechnet wurden. Otto Adomat steht in der obersten Reihe ganz links.

dort hergestellte Getriebe zu kümmern. Sie müssen in dieser Zeit sehr gut gewesen sein, denn sie sind in der Wäsche von 1932 bis zur Schließung 1986 gelaufen. Albert Bock hat sein ganzes Arbeitsleben auf Zollverein verbracht, vom Schlosser zum Vorarbeiter bis zum Meister.

Von **Otto Adomat** wissen wir, dass er mit dreizehn Jahren eine Schlosserlehre auf Schacht 3/7/10 begann und dort einige Jahre als Schlosser blieb. Die alten Zollvereiner haben Schacht 12 mit aufgebaut, die Maschinen eingerichtet und sie dann mit den Firmen, die das alles gebaut haben, in Betrieb genommen. Man muss davon ausgehen, dass nicht alles reibungslos lief. Dann kamen die Kriegsjahre, die Zeche musste laufen. Auch Zollverein war ein „kriegswichtiger Betrieb". Und als der Krieg zu Ende war, ging es weiter. Das alles hat Otto Adomat mitgemacht. Er war Vorarbeiter in der Wäsche und dort bis zu seinem letzten Arbeitstag.

Otto Adomat (oben links mit dem Hammer) als junger Schlosser auf Schacht 3/7/10

„Gott schütze das ehrbare Handwerk“ –
Otto Adomat 1918 in der Werkstatt auf Schacht 3/7/10 auf Zollverein.

Kleine Jubiläumsfeier in den 1950er Jahren für den Nachtschichtarbeiter
Otto Adomat (links). Es gratuliert Steiger Nettenbusch, rechts Schlosser Karl Jeromin.

Das Bild zeigt die Nachtschichtbelegschaft der Aufbereitung im Jahr 1955 vor einer der Grobkornsetzmaschinen, darunter Reparaturschlosser und Elektro-Schweißer. Otto Adomat ist hier als zweiter von rechts zu sehen. Während der Nachtschichten wurde zu der Zeit keine Kohle gewaschen, die Zeit wurde für Wartungen und Reparaturen an den Maschinen genutzt. Helme trägt zu dieser Zeit noch niemand, das wurde erst einige Jahre später Pflicht!
Ewald Waschkowski

Wir wollen die Schichtbesetzung der Nachtschicht auf diese Weise noch einmal zeigen. Ich denke, sie haben es verdient. Für den heutigen Besucher ist es nicht einfach, sich in den Arbeitsprozess dieser riesigen Anlage hineinzudenken. Die Handwerker damals mussten und konnten es, sie hatten diese Maschinen von Grund auf kennengelernt.
Eitel Mantowski

Zollverein im und nach dem Zweiten Weltkrieg

1933 bis 1945

Eitel Mantowski

Man sollte auch einmal von der Machtübernahme 1933, der Zeit danach und der Kriegszeit auf Zollverein schreiben. Es ist denkbar, dass es in dieser Zeit die Betriebsführung und die Aufsichtspersonen, und das nicht nur auf Zollverein, nicht einfach hatten. Sie mussten sich dem politischen Denken anpassen und auch so handeln, ob sie wollten oder nicht. Wenn nicht, wurden sie abgelöst. Das ist wahrscheinlich auch der Grund dafür gewesen, dass man über dieses Thema schwieg, dass es ein Tabu war. Tatsache war wohl, dass diese Führungsleute sich angepasst haben:

Man weiß aus mündlichen Überlieferungen und aus Schriftstücken, dass auf das politische Denken eines jeden Beschäftigten geachtet wurde, es wurden auch Notizen über Parteileute gemacht, wahrscheinlich, um sich auf diese Leute einstellen zu können. So kann man verstehen, dass ein Vorgesetzter sich bei einem bestimmten seiner Leute eine in Rot geschriebene Notiz machte: SA-Mann, dahinter ein Fragezeichen. Dieser Eintrag in dem Tagesbericht eines leitenden Angestellten ist ein Beispiel dafür, dass man selbst in der Position Angst um die Zukunft haben musste, wenn Parteimitglieder der NSDAP in den Reihen der Mitarbeiter vertreten waren.

Das Kriegsgefangenenlager

Eitel Mantowski

Das Kriegsgefangenenlager befand sich dort, wo später die Kohlenmischanlage der Kokerei gebaut wurde, heute Arendahls Wiese. Der größte Teil war für die russischen Gefangenen eingerichtet, ein kleinerer Teil für die französischen. Von diesem Lager aus marschierten die Gefangenen zur Arbeit unter Tage, also zu Schacht 1/2, aber auch in Richtung Stoppenberg durch den Hugenkamp zu Schacht 6/9, und für die anderen Schächte auf Zollverein wird es nicht anders gewesen sein. Man weiß, dass Schacht 3/7/10 in

In den traditionellen Arbeitersiedlungen im Norden der Stadt entfielen bei Wahlen in den 1930er Jahren auf die NSDAP rund 15%, der Durchschnitt im damaligen Deutschen Reich lag bei über 30%. Dafür wiesen die linksgerichteten Parteien überdurchschnittlich hohe Anteile auf. Den größten Anteil versammelte die KPD mit über 40% auf sich, der Reichsdurchschnitt lag für die Kommunisten Fall bei knapp 15%.

Fläche der heutigen Kokerei Zollverein

Fläche des ehemaligen Kriegsgefangenenlagers

Wege der Kriegsgefangenen zu den Schächten 1/2 (Katernberg) und Schacht 6 (Stoppenberg)

Schonnebeck und 4/11 an der Trabrennbahn Gelsenkirchen eigene Lager hatten.

Der Holzplatz der Zeche Zollverein bei Schacht 1/2/8 hat sich seit meiner Kindheit in der Kriegszeit bei mir eingeprägt. Wenn ich aus dem Küchenfenster der elterlichen Wohnung sah, erblickte man erst die Köln-Mindener Bahn, dann die Haldenstraße, dahinter sofort den Holzplatz von Zollverein. Dieses Bild bleibt. Ich sehe auf der Haldenstraße aber auch immer noch die Kolonnen der russischen Kriegsgefangenen vor mir, die zur Zeche zur Arbeit unter Tage mussten. Es war ein elender Anblick. Wenn sie zurückkamen, diese zerlumpten Menschen, waren manchmal auch Tote dabei, die von ihren Kameraden zurück zum Lager getragen wurden.

Bisweilen sind wir als Kinder auch eine kleine Stichstraße reingegangen, dorthin, wo die Lager der Kriegsgefangenen waren. Sie haben Spielzeug selbst gemacht und verkauft, zum Beispiel kleine Sachen aus Holz geschnitzt. Ein Freund von mir hat mal einen kleinen Ring gekauft, den hatten sie aus einem Nagel gedreht und gefeilt. Wir haben mit Brot „bezahlt“. Mit Geld hätten sie ja nichts anfangen können. Also haben sie da immer am Zaun gestanden: „Brot, Brot!“

Bei all diesen Gedanken zu dem Thema gehen mir vor allem diese Elendskolonnen der russischen Kriegsgefangenen, die ich als zehnjähriger Junge sehen musste, nicht aus dem Kopf. Und später nach Jahren sah man die ersten Bilder und Wochenschauen im Kino, von deutschen Soldaten, die in Stalingrad in Gefangenschaft gingen. Da frage ich mich, wo ist der Sinn, wo ist der Unterschied. Man sagte damals, diese Russen, das sind keine richtigen Menschen, es sind „Untermenschen“. Und man hat es geglaubt. Was ich bis heute noch nicht verstehe: Das Gefangenenlager war von der elterlichen Wohnung ungefähr 700 oder 800 Meter entfernt. Ende April 1945 zogen bei uns die Amis ein, für uns war der Krieg zu Ende. Aber wo waren die Gefangenen? Das Lager war leer! Das habe ich bis heute noch nicht verstanden.

Zwangsarbeiter auf Zollverein

Eitel Mantowski

Ich selber habe 1958 in der Schmiede von Schacht 12 begonnen, also 13 Jahre nach dem Krieg. In dieser Zeit waren ja noch einige alte Kollegen dort, die den Krieg auf Zollverein erlebt haben. Ich hatte den Eindruck, das Thema Zwangsarbeiter oder Kriegsgefangene war tabu. Trotzdem habe ich damals so viel erfahren können, dass man sagte, die Menschen waren hier, sie haben mit uns oder bei uns gearbeitet. Die alten Kollegen sagten aber auch, dass es schwierig war, diesen Menschen Essen zu geben. Es musste heimlich gemacht werden.

Es gibt fast keine Zeitzeugen mehr. Vieles, was man darüber weiß, sind schon mündliche Überlieferungen. Diese Menschen waren aber da. In der Kohlenwäsche waren nach Erzählung der Handwerker, die während des Krieges in der Aufbereitung waren, einige Zwangsarbeiter tätig. Es waren Franzosen und Russen. Das bezeugten noch Jahre nach dem Krieg einige geschriebene Hinweise auf Russisch und Französisch, die besagten, dass an bestimmten Stellen, etwa auf der 6-m-Bühne, das Wasser aus den Leitungen nicht zu genießen war. Nach Erzählungen von Ewald Waschkowski sind bei Umbauten in der Wäsche in Mauernischen Bilder und Schriftstücke von

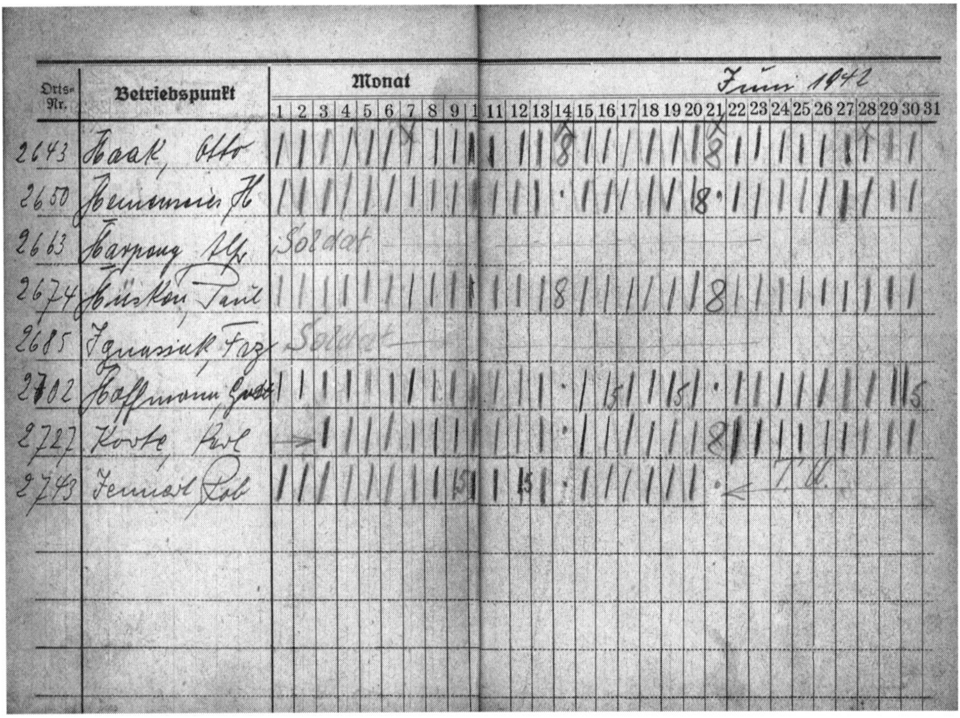

Ein Blick ins Schichtenbuch zeigt: Viele Kollegen waren an der Front. Ihre Stellen sind mit Zwangs- und Fremdarbeitern besetzt worden.

Von Ende 1942 bis 1943 stieg die Zahl der im Ruhrbergbau eingesetzten Zwangsarbeiter von 40.000 auf 80.000. Der größte Teil waren Kriegsgefangene aus der Sowjetunion, außerdem aus Polen, Frankreich und Belgien. Auch verschleppte Zivilisten, darunter viele Frauen und Kinder, wurden eingesetzt. Die Versorgung mit Lebensmitteln und die Hygiene in den Lagern waren sehr schlecht.

Franzosen gefunden worden. Im Wäsche-Labor waren auch Frauen russischer Herkunft, wie es hieß, Ukrainerinnen, beschäftigt. Diese Frauen sollen sich so geäußert haben: „Selbst wenn wir den Krieg in Deutschland überleben, nach Hause kommen wir nicht mehr, dafür wird Stalin sorgen."

Diese Kriegsgefangenen oder Zwangsarbeiter, auch das waren Menschen, die Zollverein bewegten – unter Zwang.

Auch Folgendes hat es gegeben in der Kriegszeit, dass deutsche Bürger trotz des Naziregimes versucht haben, diesen leidenden, hungernden Menschen zu helfen. Die Grete, eine Nachbarin von mir, hat erzählt: Wenn diese armen Menschen durch unsere Straße kamen, hatte meine Mutter für sie auf der Fensterbank hinter der Blendlade eine Schüssel mit Pellkartoffeln stehen. Es war verboten. Die Kriegsgefangenen wussten das. Grete sagte aber auch, dass diese Menschen das nicht vergessen hatten: „Nach dem Zusammenbruch, dem Kriegsende, zogen sie plündernd durch unsere Straße, aber wir blieben verschont."

Otto A. meinte, sein Nachbar habe für die Schweine Futterkartoffeln gekocht, und die hat er zum Abkühlen ganz dicht an den Straßenrand gestellt, an dem die russischen Gefangenen vorbeigehen mussten. Sie haben sich heimlich davon genommen. Es durfte keiner sehen. Aber selbst die Wachposten haben oft weggeschaut. Das war eine der guten Seiten von deutschen Bürgern. Ich weiß aber auch, dass einige NSDAP-Leute nach dem Krieg ganz verschwunden waren, einige kamen erst nach Jahren wieder.

Kriegsende und Neubeginn *Eitel Mantowski*

Das Kriegsende erlebte ich als zehnjähriger Junge mit meiner Mutter, meiner Schwester und den anderen Hausbewohnern im Keller, der noch über der Erde lag, in unserem Wohnhaus in der Köln-Mindener-Straße.

Es muss Anfang April 1945 um Ostern gewesen sein, die Luftangriffe hatten nachgelassen, wir mussten nicht mehr zum Bunkerstollen am Abzweig rennen. Wir blieben stattdessen im Keller. Diese Ruhe war uns allen unheimlich. Die älteren Menschen sprachen davon, dass sich was tut: „Die Amis kommen." Sie werden wohl heimlich Radio gehört haben.

Dann wurden wir beschossen. Von Norden, vom Rhein-Herne-Kanal her, rückten die Amerikaner an und schossen auf unsere Häuser. Vom Süden, am sogenannten Hallo, schossen die restlichen deutschen Soldaten in Richtung Amis und unserer Häuser. Es war ganz schön beschissen, wir hatten alle Angst. Ich weiß nicht, wie lange es dauerte, vielleicht einige Tage? Dann wieder diese unheimliche Ruhe. Die Erwachsenen haben dann die Wohnungen untersucht, nach Schäden. Die Fenster waren kaputt, die Decken. Irgend jemand sagte dann, die Amis kommen die Theobaldstraße runter, und man konnte auch die Panzer hören. Man hat dann aus allen Fenstern weiße Fahnen gehängt. Meine Mutter hat im letzten Moment die Hakenkreuzfahne vernichtet, die ja jeder in der NS-Zeit haben musste. In der Küche hing noch das Adolf-Hitler-Bild in Postkartengröße, das hat sie entfernt und dafür das Soldatenbild meines Vaters aufgehängt.

Und dann waren sie da, die amerikanischen Soldaten, und haben erst mal das ganze Haus durchsucht, nach Waffen und deutschen Soldaten. Die Amis haben in breiter Front, vor der Köln-Mindener Bahnlinie, Pause gemacht, ungefähr eine Woche, und haben aus unseren Häusern die Zeche Zollverein beobachtet. Was sie wohl nicht kannten, waren die kleinen Ein-Mann-Bunker aus Beton. Darin waren Zivilposten mit Gewehr.

Ich kann mich noch daran erinnern, dass es ungefähr zwei Wochen ruhig war. Die Amis richteten sich in unseren Häusern und auf der anderen Seite der Köln-Mindener Bahn ein. Auf der Zeche Zollverein war alles ruhig. Die Zivilposten auf dem Holzplatz waren verschwunden. Die Seilscheiben auf dem Fördergerüst standen still. Es war eine tote Zeit in unserem Stadtteil. An einigen Punkten in Katernberg haben noch Hitlerjungen versucht, die Amerikaner aufzuhalten. Aber man sagt, sie sollen es nicht überlebt haben.

Dann sind sie rüber, die Amis, und haben Zollverein und den Rest von Deutschland eingenommen. Nach einer kurzen Zeit sind die Amis komplett abgerückt, und die englischen Soldaten haben Zollverein besetzt. Es entstand die britische Zone. Die Ruhezeit auf Zollverein kann nicht lange gedauert haben, vielleicht zwei Wochen. Allmählich drehten sich die Seilscheiben wieder, wenn auch nicht so regelmäßig wie zuvor. Aber man sah, dass sich wieder was tat. Vor dem Tor von Schacht 1 standen englische Soldaten, für mich ein ungewohntes Bild. Ich kannte bis dahin nur deutsche Soldaten.

Wie man dann merkte, waren die englische Besetzungsmacht und die neu ernannte Stadtverwaltung bemüht, Leben und Ordnung in unsere Stadt zu bringen. Die Stadtmitte sah ja schlimm aus, die Trümmer lagen bis zur Straßenmitte, in den Straßen waren Bombentrichter. Es fuhren keine Straßenbahnen, wer sich bewegen wollte, musste zu Fuß gehen. Das größte Problem war das Essen: Wir hatten Hunger. Ich habe damals an den Suppenküchen der ehemaligen Zwangsarbeiter in der Schlange gestanden und habe darauf gewartet, dass sie für uns etwas übrig ließen.

Wer Arbeit hatte, ging arbeiten. Ohne Arbeit keine Lebensmittelkarten, das Essen war rationiert. So war es auch auf Zollverein. Ich weiß von älteren Kollegen über diese Zeit, dass man bemüht war, die Zeche Zollverein wieder in Gang zu bekommen. Das galt für über Tage wie für unter Tage. Die sechs Jahre Krieg waren auch nicht spurlos an Zollverein vorbeigegangen. Der Untertagebetrieb hat deshalb noch keine volle Leistung gefahren. Die deutschen Bergleute waren größtenteils im Krieg gefallen oder noch in Gefangenschaft. Die neuen Bergleute mussten erst wieder angeworben werden. Sie kamen aus allen Gebieten Deutschlands, das Ruhrgebiet gab ihnen damals Arbeit und Brot. Deutschland baute wieder auf, und der Bergbau stand an erster Stelle.

Also kamen die Menschen, um im Bergbau zu arbeiten, um leben zu können, aber sie mussten ja auch wohnen. Wohnraum war im Ruhrgebiet knapp, alles hatte im Krieg sehr gelitten. Man begann aber schnell, neuen Wohnraum zu bauen. So kamen sie, die Menschen, die Zollverein bewegten.

Familien-Pütt *Erich Fischer und Eitel Mantowski im Gespräch*

Erich Fischer: Ich kam früh aus der Gefangenschaft raus nach dem Krieg.

Eitel Mantowski: Da hast du ja noch Glück gehabt.

Erich Fischer: Glück gehabt. Glück und Pech, wie man's nimmt, durch Verwundung und so weiter. Da suchten sie Landwirte, Bergleute, Kraftfahrer. Ich habe überlegt: Was bist du jetzt? Führerschein hast du, dann bist du Kraftfahrer. Jetzt kommst du hier zu Hause an, keine Lebensmittelkarten. Da musst du Arbeit nachweisen. Was jetzt? Kriegst keine Arbeit. Es blieb mir nur entweder der Bergbau, oder in den Tiefbau zu gehen. Naja. Und da hat mein Vater mit dem Inspektor auf Zollverein gesprochen. Wir kannten uns ja alle. Die Söhne unserer Vorgesetzten, mit denen waren wir alle in einem Alter.

Da war man der Erich, und dann war das auch gut so. Dann hat der Inspektor gesagt: „Nein, wir brauchen Handwerker, du kommst nicht nach unter Tage, du bleibst hier über Tage.“ Der war damals Maschinensteiger.

Seit 1946 lief eine Werbekampagne, mit der man versuchte, dem Arbeitskräftebedarf des Bergbaus gerecht zu werden. Viele Bergleute waren durch den Krieg physisch ausgezehrt, die Belegschaft war zunächst mehrheitlich überaltert. Durch Sonderzulagen wurden Anreize für die Schwerstarbeit geschaffen. Außerdem wurden zum Beispiel im November 1946 die Löhne im Ruhrbergbau um 20% erhöht.
Viele in anderen Berufszweigen erwerbslos gewordene Arbeiter strömten ins Ruhrgebiet. Bis Ende der 1950er Jahre gingen etwa eine halbe Million Männer in den Bergbau, viele lebten zunächst von ihren Familien getrennt.

K.-Emden hieß der. Warum K.-Emden? Sein Nachname war K., und er hatte im Ersten Weltkrieg auf der Emden gedient, und die Emden wurde im Indischen Ozean abgeschossen. Die kriegten vom Kaiser seinerzeit den Beinamen Emden! Deswegen hieß der K.-Emden. Und ich kannte seinen Sohn. Dadurch war man bekannt, und dann war man drin. War ja früher ein Familien-Pütt. Man sagte immer Familien-Pütt. Das war auch hier so. Die ganzen Familien waren doch hier auf'm Pütt.

Zollverein vom Kriegsende bis zur Einführung der Deutschen Mark

Herbert Eichfeld

Zum Glück wurde Zollverein durch die Kriegseinwirkung nicht allzu sehr zerstört. Einige zerstörte Gebäude sind zügigst wieder aufgebaut worden. Auf dem heutigen Gelände der Kokerei Zollverein befand sich während des Krieges ein Lager für russische Kriegsgefangene. Die Baracken wurden nach dem Krieg zu Notwohnungen für Zechenangehörige umgebaut. Ebenfalls entstanden auf dem Gelände die so genannten Nissenhütten aus Blech, als Notunterkünfte für einen Teil der Belegschaft.

Um den Aufbau des Landes voranzutreiben, musste viel Kohle gefördert werden. Es galt die 48-Stunden-Woche. Wir hatten Vollbeschäftigung mit vielen Überschichten. Arbeitslose gab es nicht, es fehlten sogar Arbeitskräfte für den Bergbau. Darum wurden in ganz Deutschland junge Männer angeworben. Die Leute sind in dafür eingerichteten Wohnlagern untergebracht worden. Trotz vieler Entbehrungen: Den Ausdruck „Null Bock" kannten wir damals nicht.

Bis zur Währungsreform 1948, als die DM kam, hatten wir alle großen Hunger. Lebensmittel gab es auf Karte, und sie waren rationiert. Gott sei Dank haben wir auf der Zeche jeden Tag warmes Mittagessen bekommen. Das Essen wurde in Warmhaltebehältern angeliefert, man musste sich anstellen. Wenn etwas übrig blieb, gab es einen Nachschlag. Teller gab es nicht, sondern rot-braun emaillierte Schüsseln mit zwei Litern Inhalt. Das Essen wurde in der Lohnhalle ausgeteilt, und man konnte an langen Tischen essen. Es gab Nudeln mit Gulasch oder Graupensuppe. Die großen Graupen nannte man Kälberzähne. Samstags gab es Erbsensuppe mit Fleischwurst. Zusätzlich bekamen die Leute, die über Tage arbeiteten, einen Doppelten, und die, die unter Tage arbeiteten, zwei Doppelte. Die Brote, die es gab, waren gut belegt. Aus Amerika kamen Care-Pakete mit Lebensmitteln für die Zechenbelegschaft. Trotzdem haben wir alle viel Hunger gehabt.

Wie Zollverein den Stadtteil prägte

Katernberg und Zollverein

Eitel Mantowski

Zollverein zahlte dreimal im Monat Lohngelder. Am 5. und 15. gab es Abschlag, am 25. Restlohn – auf diese Tage war alles ausgerichtet. Die Beschäftigten warteten ab 6 Uhr morgens in der Lohnhalle, um das Geld ausgezahlt zu bekommen. Ich weiß, dass dann die Lohnhalle von Schacht 1 voll Menschen war. Alle, denen es möglich war, von allen drei Schichten, versuchten dann ihr Geld zu bekommen.

Wenn ich zurückdenke, gab es von einem Abschlag bis zum nächsten, also für zehn Tage, 80 bis 90 DM. Der Restlohn war etwas mehr. Es war nicht viel Geld, was ein Handwerker über Tage verdiente. Wenn da nicht die Über-

Katernberg in den 1930er Jahren vom Hallo gesehen: links die Schachtanlagen 12 und 1/2/8, dazwischen ist noch der hohe Schornstein des Kesselhauses zu sehen; im Hintergrund rechts Zollverein 4/11.

schichten wegen der Reparaturen waren, war es nicht viel, was man hatte. Davon musste man dann leben, mit der Familie. 80 DM für zehn Tage, bei einem Einkommen, für Essen, Trinken, Wohnen. Autos und anderer Luxus waren noch nicht erschwinglich.

Es war schon ein lebhaftes Bild in unserem Stadtteil, wenn es auf der Zeche Geld gab. Reger Betrieb war im Stadtteil immer während des Schichtwechsels, aber dann kamen die Mittagsschichtler, die von der Nachtschicht, manchmal auch mit Hausfrau. Sie alle wollten am Zahltag Geld haben. Das Löhnen über Kassen, über Sparkassen, war noch nicht üblich.

Das Leben in Katernberg und Umgebung war insgesamt auf die Zechen ausgerichtet. Große Supermärkte gab es nicht. Die Hausfrauen gingen in kleinen Geschäften, die es überall gab, einkaufen. Dort wurde auch angeschrieben, weil das Geld bis zum nächsten Zahltag nicht reichte.

Genauso war es in den Gaststätten. Es gab reichlich davon, große und kleine, sie lebten alle von und mit den Bergleuten. Das Gesellschaftsleben spielte sich in den Kneipen ab, auch das Vereinsleben. Für viele Bergleute war der Brieftaubenverein da, oder der Hühner- und Kaninchenzüchterverein, aber auch der Kegelverein. Jeder hatte seine Kneipe, in der er seinen Deckel machen konnte. Das Leben in Katernberg begann schon vor sechs Uhr. Die nahen Kneipen an den Schächten hatten um diese Zeit bereits auf, die ersten Zechenleute konnten dann ihren Durst löschen. Aber was noch wichtiger war: Es musste der Deckel bezahlt werden. Bezahlt wurde am nächsten Lohntag. Ich weiß, dass die Bahnhofskneipe Katernberg-Süd an diesen Tagen gut besucht war. Inzwischen gibt es das Bahnhofgebäude mit Kneipe nicht mehr.

Die meisten Gaststätten hatten auch einen Schalter, an dem in früheren Zeiten Bier in Krügen verkauft wurde, später Flaschenbier. Die Schalter wurden auch oft für den kleinen Durst genutzt, eine großes Bier, ein halber Schoppen Schnaps. Rentner haben den Schalter oft genutzt, vor allem am Monatsende, wenn es Rente gab. Einige Gaststättenschalter hatten draußen auch kleine Sitzgelegenheiten, im Volksmund „Beichtstuhl" genannt!

Bis Mitte der 1960er Jahre wurde der Lohn im Verwaltungsgebäude auf Schacht 1/2/8 bar an Schaltern ausgezahlt.
Ende der 1950er Jahre verdiente ein Industriearbeiter durchschnittlich 480 DM, Frauen kamen auf 290 DM. Zum Vergleich: Ein Angestellter erhielt durchschnittlich etwa 660 DM. Ein Handwerker in der Kohlenwäsche auf Zollverein kam ab Mitte der 1960er Jahre mit Überstunden auf etwa 510 DM.
Waren es zu Beginn der Industrialisierung meist Bergleute aus den nahegelegenen Regionen mit traditionellem Bergbau und Metallhandwerk, die im Ruhrbergbau arbeiteten, so kamen gegen Ende des 19. Jahrhunderts wegen der wachsenden Nachfrage nach Arbeitskräften viele Arbeitssuchende aus Schlesien, Preußen, Ostdeutschland und oft aus dem heutigen Polen mit ihren Familien in die Ruhrgebietsstädte. Mit einer zweiten Welle vor allem in den 1960er Jahren kamen vorrangig Arbeiter aus der Türkei und Südeuropa. Viele holten später ihre Familien nach.

Das ganze Bild, unser Stadtteil, hat sich heute verändert. Die Bergbaubeschäftigten bekamen früher Deputatkohle, die sie zum Heizen benutzten. Es gab Kohlefuhrleute, die den Hausbrand von der Zeche holten und dem Besteller vor dem Haus abluden. Das Einbringen in den Keller musste der Besteller selbst erledigen. Es war Handarbeit gefragt: scheppen, fegen, Kohlen im Eimer tragen, bis in den Keller. Und das von Menschen, die schon eine schwere Schicht hinter sich hatten. Den alten Leuten fehlt dieses Bild. Heute ist Heizenergie direkt verfügbar, man muss sie nur bezahlen. Das Gute daran? Die vielen Haushaltsöfen machen keinen Dreck mehr.

Es ist sehr auffällig, dass es ruhig geworden ist. Die vielen Menschen, die in früheren Zeiten zum Schichtwechsel zur Zeche gingen oder von der Zeche kamen, sind nicht mehr. Dreimal am Tag waren die Straßen voll, immer zum Schichtwechsel: Frühschicht, Spätschicht, Nachtschicht. Der halbe Stadtteil war unterwegs. Ich sehe sie heute noch, die Bergleute, wenn sie von der Schicht kamen, mit ihren noch vom Kohlenstaub geschwärzten Augenlidern. Unter dem Arm das ins Handtuch eingewickelte Mutterklötzchen. Das war ein aus Grubenholz auf Ofenlänge, genannt „Küppersbuschlänge“, geschnittener Holzklotz. Es wurde mit einem Gummiring umspannt und auch vorgespalten. Das Klötzchen mit Handtuch übergab man zu Hause der Mutter. Mit Mutter ist aber auch oft die Ehefrau gemeint. Es wurde gebraucht, um zu Hause den Kohleofen anzuzünden.

Kohle, Küche, Kindheit

Vorbemerkung

Veronika Maruhn

Von hier oben aus lässt es sich weit gucken. Man kann den Blick bis an den Horizontbogen schicken, der die nächsten Ruhrgebietsstädte zu umspannen scheint. Man kann aber auch direkt nach unten schauen, dorthin, wo sich kleinere und mittelgroße Häuser rund um den Riesen Zollverein geschart haben, nicht ohne ein gewisses Selbstbewusstsein; fast trotzig scheinen sie sich ihm entgegen zu recken.

Wenn man aber auf Entdeckungsreise gehen will, sollte man die Aussichtsplattformen verlassen und durch die umliegenden Straßenzüge flanieren. Auf so einem Rundgang lässt es sich herrlich durch verschiedene Zeiten schlendern – Zeiten, als der Zollverein-Gigant noch in Saft und Arbeit stand.

Wie sah das Leben vor, neben und nach der Schicht auf Zollverein aus? Das Leben im Schatten des Doppelbocks, im Mikrokosmos, in den Familien. Das Leben der Frauen und der Kinder?

Kohle

Ihre Männer verdienten ihre Kohle nicht mit dem Abbau derselben, sie waren keine Bergarbeiter, sondern arbeiteten über Tage als Handwerker, Fördermaschinisten oder Reviersteiger auf Zollverein.

Der Kohlenkoloss gab vielen Menschen Arbeit, warf aber auch lange Schatten auf das familiäre Leben. Die Männer arbeiteten in Schichten, mitunter zwei, wenn es die Situation erforderte, auch drei Schichten hintereinander.

„Das waren wirklich unchristliche Arbeitszeiten! Wenn Reparaturen anstanden, arbeitete Eitel auch 20 Stunden durch. Wenn ich im Vorfeld nicht wusste, dass er länger arbeiten musste und er nicht zum erwarteten Zeitpunkt nach Hause kam, bekam ich Angst. Wir hatten damals kein Telefon und ich wusste dann nicht, ob ihm vielleicht etwas passiert war."

Regina Mantowski mit ihrem Eitel im Garten

Regina Mantowski kümmerte sich um den Haushalt und den gemeinsamen Sohn Thomas:

> *„Ich war oft mit Thomas bei meinen Eltern. Vor meiner Eheschließung habe ich bei Brunsberg in einer Herrenoberbekleidungsfabrik gearbeitet. Nach unserer Heirat war ich nicht mehr berufstätig. Eitel wollte, dass ich zu Hause blieb. Unser Sohn sagte mir oft, dass er froh war, dass ich da war, wenn er aus der Schule kam. Viele seiner Freunde waren Schlüsselkinder. Heute würde ich das aber nicht mehr so machen, allein schon finanziell, dann hätte ich meine eigene Rente verdient."*

Vor ihrer Eheschließung mit Detlev arbeitete **Theresa Spahn** als Näherin. Schon als 16-Jährige saß sie im Nähsaal der Firma Josef Meyer im „Haus der Technik".

> *„Wir nähten Mäntel und Kostüme. Ich habe meist Taschen genäht oder lange Nähte. Die Atmosphäre war gut. Die Arbeit machte Spaß. Das Radio lief immer im Hintergrund. Ich habe gut verdient. Wenn es gut lief, bekam ich 600 Mark. Das war manchmal mehr als mein Vater verdiente. Dabei war ich noch nicht einmal achtzehn Jahre alt!"*

Als sich Nachwuchs ankündigte, blieb auch **Theresa Spahn** zunächst zu Hause.

> *„Ich war selbst ein Schlüsselkind, das wollte ich für mein Kind nicht. Also kümmerte ich mich um den Haushalt und unsere Tochter Anke.*
> *Die Mittagsschicht meines Mannes begann zum Beispiel um 14 Uhr und dauerte bis 22 Uhr. Bis 12 Uhr musste alles fertig sein, dann kam das Kind aus der Schule, ging spielen und ich war wieder allein.*
> *Zuhause war ich für jeden die Trolka, immer habe ich gewartet und gewartet. Als Anke zwölf war, hatte ich die Nase voll davon und habe mir wieder eine Arbeit gesucht."*

Theresa Spahn arbeitete dann zwanzig Jahre in der Metzgerei Knaub.

> *„Der Chef und die Chefin waren lustig und es gefiel mir sehr dort. Wir haben alle Familienfeste zusammen gefeiert. Ich habe in Haushalt und Küche gearbeitet. Den Verkauf vorne habe ich verweigert. Ich habe lieber hinten alles vorbereitet. Manchmal habe ich zentnerweise Kartoffeln geschält. Das hat mir nichts ausgemacht."*

Am Abend saß das Ehepaar Spahn mitunter über den Schulhausaufgaben der Tochter.

„Detlev hat abends noch über die Hausaufgaben geguckt und mir alles erklärt. Ich hab das dann morgens an Anke weitergegeben."

Durch die Wechselschichten der Männer waren die Frauen oft auf sich alleine angewiesen.

„Die waren ja mehr auf Zollverein als zu Hause! Und dann noch die immer wechselnden Schichten! Ich erinnere noch: Wir waren eingeladen und saßen gerade gemütlich in der Gartenanlage zusammen. Da kam ein Arbeitskollege meines Mannes und sagte, er würde gebraucht und solle sofort nach Zollverein kommen. Mensch, da war ich aber sauer. Aber das war so und das musste man in Kauf nehmen."
Also versuchte man das Beste aus der jeweiligen Situation zu machen.
(Regine Gladt grinst.) *„Unsere Tochter hat sich gefreut, wenn der Vatter weg war, dann durfte sie zu mir ins Bett."*

Schon mit 14 Jahren arbeitete **Regine Gladt** als Bürogehilfin bei Krupp.

Regine Gladt (rechts) mit Kollegen an ihrem Arbeitsplatz beim Kaufhaus „Kepa".

Regine Gladt in der Mittagspause bei der Firma Krupp

„Eigentlich wollte ich Friseurin werden Aber schon 1967 war ich im Büro des Kaufhauses Kepa in Essen beschäftigt."

In den folgenden Jahren kam ihr Sohn, zehn Jahre später ihre Tochter zur Welt; dazwischen arbeitete sie entweder im Büro oder im Verkauf und kümmerte sich auch noch um ihre Mutter.

„In den ersten Jahren hatten wir ja noch keinen Fernseher. Wenn unser Sohn im Bett und ich alleine war, ging ich oft zur Nachbarin rüber. Fernsehgucken! Kuhlenkampf und den Frankenfeld! Wir selbst haben erst 1960 einen Fernseher gekauft. Ich weiß noch, als die Elisabeth 1953 zur

Das junge Glück: Regine Gladt mit ihrem Alfred

Königin gekrönt wurde, da sind wir alle in die Gastwirtschaft gegangen und haben die Krönung geguckt. Zu der Zeit hatte ja fast noch gar keiner einen Fernseher zu Hause."
(Ansonsten spielte das Radio eine große Rolle.)
„Abends hab ich oft Hörspiele gehört. Krimis mochte ich am liebsten! Paul Temple, der war spannend. Aber ich habe auch gerne Musiksendungen gehört, besonders die mit Chris Howland. Das war schön, auf der Couch zu liegen und Radio zu hören."

Aber die gemeinsame Zeit fehlte.

Helga Spahn: *„Die familiären Interessen standen immer hinten an. Einmal kam sogar der Steiger in die Wohnung und fragte, wo mein Mann sei. Ich antwortete ihm, dass der über sechzehn Stunden gearbeitet habe und jetzt im Bett läge. Das wollte er mir nicht glauben und ging nachgucken! Das muss man sich mal vorstellen! Alles ging immer nur um Zollverein, danach musste sich alles richten. Wenn der Heinz von der Arbeit kam, war der müde und wollte nur noch seine Ruhe, dann bin ich mit den Kindern allein raus. Einmal war ich so sauer, da hab ich ihm gesagt: ‚Nimm dein Bett und zieh nach Zollverein!'"*

Helga Spahn hat in eine Familie eingeheiratet, die schon seit mehreren Generationen mit dem Pütt und später auch mit Zollverein verbandelt ist. Nicht nur der Schwiegervater, auch dessen Vater und schließlich auch ihre eigenen Söhne lebten von dem schwarzen Gold.

Sie konnte ihrerseits aber auch der eigenen Familientradition nicht entfliehen.

> *„Wir hatten einen Hof. Ich wäre am liebsten Modistin geworden, aber das durfte ich nicht, weil ich auf dem Hof mithelfen musste."*

Während ihrer Ehe fand sie Arbeit im Büro der „Schule am Stoppenberg".

> *„Mir hat es Spaß gemacht, dort zu arbeiten, ich wollte immer meine eigene Arbeit haben."*

Helga Gabriel wollte auch eine Arbeit und vor allem eines: Geld verdienen!

> *„Als ich fünfzehn war, wäre ich gerne Friseuse oder Verkäuferin geworden. Aber ich fand keine Lehrstelle. Es war ja alles erst im Aufbau. Also bin ich zum Arbeitsamt und habe gesagt: Ich muss Geld verdienen! Ich geh in die Fabrik!"*

Aber die Stellenvermittlung konnte ihr etwas Besseres anbieten.

> *„Ich habe dann bei Michelle in der Innenstadt gearbeitet. Habe nur die besten Sachen verkauft, das beste Porzellan. Hutschenreuther, Rosenthal."*

Nach ihrer Heirat arbeitete sie zunächst bei der Girardet-Verlagsdruckerei im Versand.

> *„Mein Mann hat sehr viel gearbeitet. Auch an Samstagen und an den Sonntagen. Sonntags hat er das Doppelte verdient. Am Feiertag gab es nochmal extra was drauf. Da hat mein Mann zu mir gesagt, ich solle zu Hause bleiben. ‚Ich krieg das schon hin.'" Also bin ich zu Hause geblieben und habe Haushalt und Garten versorgt.*

Die **Gabriels** lebten sehr sparsam und konnten sich bald ein Auto leisten.

„Ich wollte immer ein Haus. Schließlich wurden den Arbeitern auf Zollverein günstige Grundstücke angeboten. Ein Quadratmeter kostete gerade mal eine Mark."

Da schlugen die **Gabriels** zu:

„Es war einfach zu viel Arbeit. Er war immer nur arbeiten. Er war ein guter Schweißer und hatte eine sichere Hand. Er wäre sicher auch ein guter Chirurg geworden. Durch das Schweißen hatte seine Arbeitskleidung immer kleine Löcher, die musste ich ständig flicken. Ja, und ansonsten hat man gewartet. Auch an Sonntagen. Wenn er dann endlich kam, hat er sich nicht viel unterhalten wollen, sondern wollte sich ausruhen. Ja, und dann war der Sonntag schon wieder um."

Ihr eigener Tag war mit Arbeiten im Haushalt und Garten, mit dem Kind und der Pflege der blinden Mutter mehr als ausgefüllt und die gemeinsamen Auszeiten mit ihrem Mann knapp bemessen.

„Wir konnten feiern, wir haben soviel Spaß gekriegt. – Es kommt nicht darauf an, was man macht, sondern dass man sich wohl fühlt", sinniert **Margarethe Waschkowski.**

Die **Waschkowskis** fühlten sich besonders wohl, wenn sie in der Natur waren.

„1956 sind wir zum ersten Mal mit einem Busunternehmen in Urlaub gefahren. Einmal haben wir sogar den Watzmann bestiegen und oben auf der Hütte übernachtet. Das Matratzenlager kostete zwei Mark. Das war auch für damals günstig.
Also haben wir gefragt, was ein Bett kostet. Das kostete nur 2,50 Mark. Da haben wir uns gefreut und gesagt: ‚Na, da nehmen wir doch ein Bett.' Und wurden prompt gefragt, ob wir überhaupt verheiratet seien."

Trotz Urlaub wurde aber auch immer gespart, **Ewald Waschkowski** machte Überschichten und arbeitete jeden Samstag und Sonntag.

1960 war es endlich soweit und sie hatten das Geld für einen VW zusammen. Die Vorfreude auf den fahrbaren Untersatz zog sich mächtig in die Länge. Ganze vierzehn Monate mussten sie auf den Wagen warten. Dann kam der große Tag.

„Mein Mann hat sich extra schick angezogen, um den Wagen abzuholen. Und als er da ankam, war der Wagen nicht gewaschen! Da ist er aber böse geworden und hat denen gesagt, er komme morgen wieder und hole sich seinen gewaschenen Wagen und einen Gutschein für die nächste Autowäsche ab!
Wir haben uns damals ein Steilwandzelt gekauft und sind viel gewandert."

Die Mittelpunkt in **Margarethe Waschkowskis** Leben waren Haus, Garten und die Familie.

„Ich habe überwiegend gemacht, was Ewald wollte, und fand das immer gut. Allerdings konnte ich auch immer auf seine Unterstützung zählen. Bei uns zu Hause war immer was los, wir hatten ein Haus der offenen Tür und viele Kinder im Garten."

Es war schließlich die Idee der Oma, das Haus zu vergrößern und einen Anbau zu machen.

„Zur Oster- und Weihnachtszeit habe ich für jeweils sechs Wochen Heimarbeit gemacht. Ich hatte ja meine Näherinnenausbildung und habe Kleider und Mäntel geändert. Die kamen mit dem Auto bei mir vorbei und haben mir die Sachen gebracht. Da habe ich gut verdient."

Später fing sie als Näherin bei C&A an, musste aber wegen einer Schwangerschaft nach einem halben Jahr bereits wieder aufhören. In der katholischen Kirchengemeinde fand sie einige Jahre später neue, ehrenamtliche

Die Ursula-Fahne

Aufgaben. Dort nähte sie für die Sternsinger, organisierte Frauentreffs und Ausflüge.

„Einmal bekam ich vom Pastor einen Auftrag. Er wollte für die Kapelle, die er demnächst bauen lassen würde, eine Fahne. Diese Fahne besaß er bereits, aber sie war zu groß und bereits zerschlissen. Meine Aufgabe war es nun, die Fahne auszubessern, zu verkleinern und als Bild umzugestalten. Daran habe ich drei Monate gerbeitet. Die Kapelle ist nie gebaut worden."

Doch die Mühe war nicht ganz umsonst: Die ehemalige Fahne ist heute als Bild in der St. Joseph-Kirche zu sehen.

Auch die Arbeit mit Kindern lag beiden **Waschkowskis** am Herzen.

„Ich habe drei Kommunion- und drei Firmungsvorbereitungskurse geleitet. Dann kamen die Zeltlager. Mein Mann zog mit. Einmal haben wir beide 60 Kinder im Zeltlager ganz alleine verpflegt. Das hätte ich mir vorher nicht zugetraut. Schon alleine das Kochen! Wie würzt man denn solche Mengen."

Die Mutter des Kaplans verriet ihr das Geheimnis des Massenwürzens.

Im Nähsaal von Margarethes Arbeitgeber „Gillrath & Baier" wurde zu Karneval kräftig gefeiert.

„Na, dann nehmen Sie einfach ne Hand voll Salz und dann noch davon ein bisschen und davon ein bisschen und dann klappt das schon!"

Kurz bevor man die Tore auf Zollverein endgültig schloss, wurden die Frauen in die Wäsche eingeladen.

„Ich hatte mir das nicht so vorgestellt. In so einem Schmutz, in so einem Lärm musste mein Mann arbeiten. Ich wünschte mir nur, dass meine Söhne so nie arbeiten müssten."

Küche

„Wir konnten auch mit wenig gutes Essen machen!"

Den einen kann man damit jagen, der andere liebt sie heiß und fettig. Eintöpfe oder Durcheinander oder auch Schrubbsuppen genannt.

Die Bohnensuppe eröffnet den ABC-Reigen der Eintöpfe, führt ihn über Erbsen-, Graupen-, Kartoffel-, Linsen- und Schnibbelbohnen, um ihn mit Wirsingeintopf zu schließen. Und um damit mit Sicherheit unvollständig zu bleiben; wer könnte alle Variationen nennen!

Eintopf, Suppe oder Durcheinander gab und gibt es immer dann, wenn Letzteres im Haushalt überwiegt.

Das Durcheinander eben und dann hat man für das Kochen nicht soviel Zeit zur Verfügung, weil man ja die Wohnung aufräumen muss oder die Essenszeiten einzelner Familienmitglieder sich immer wieder verschieben. Mitunter auf völlig unmögliche Zeiten!

Daher der Konsens der Ehefrauen der Zollvereinarbeiter:

„Man wusste ja nie, wann er nach Hause kam. Da musste man etwas kochen, was man schnell warm machen konnte. Also gab es unter der Woche meist Eintöpfe oder Suppen, manchmal mit Fleischeinlage oder Markklößchen."

Außerdem musste es mit dem Essen schnell gehen, weil sich danach gleich das nächste Grundbedürfnis anmeldete: Das verdiente Nickerchen!

Die Zutaten für das Essen holten sich die Frauen oft aus dem eigenen Garten. Neben Bohnen, Möhren, Zwiebeln, Kartoffeln, Porree und Tomaten konnten da Beeren und Obst geerntet werden.

Der Garten der Mantowskis liegt noch heute im Schatten der Kokerei. So schaut **Regina Mantowski** auf die Schornsteine, die lange Jahre das gemeinsam Leben bestimmt, aber nun längst das Rauchen aufgegeben haben.

„Wenn wir draußen Kaffee trinken wollten, mussten wir das Geschirr beim Eindecken umdrehen, sonst war alles schwarz. Gemüse und Obst hab ich einfach nur abgewaschen. Von dem Verzehr ist auf jeden Fall keiner krank geworden. Wir sind alle alt geworden. Ich sag immer: Rauchfleisch hält sich länger!"

Der Anbau von Gemüse, Obst und Kartoffeln im eigenen Garten war wichtig, denn das Geld war knapp.

„Wir Frauen mussten sparen und haushalten. Ich hab mal 50 Pfennig verloren, die habe ich bis abends auf der Straße gesucht. Das war damals viel, ein ganzes Brot kostete 75 Pfennig."

Wenn sich **Helga Gabriel** an diese Geschichte erinnert, spürt man heute noch den Schrecken, den der Verlust damals verursacht hat.

Der Garten bedeutete aber auch viel Arbeit für die Frauen: „Wir hatten nicht so ein schönes Wochenende. Hier blieb ja viel liegen. Ich musste die ganze Gartenarbeit machen. Die Anderen konnten spazieren gehen, die hatten gut lachen!"

Für **Regine Gladt** war die Gartenarbeit Hobby:

„Wir waren mit Leib und Seele Kleingärtner. Der Garten hat uns immer Spaß gemacht. Das war unser Reich, unsere Oase!"

Neben Eintöpfen und Suppen brachten die Frauen Reibekuchen, Stampfkartoffeln mit Sauerkraut, Mehlspeisen und verschiedenste Salate auf den Tisch. Wenn Geldtag war, gab es auch schon mal ein Kotelett oder Frikadellen! Ansonsten wurde gespart und mit Speck und viel Zwiebeln gekocht.

An Freitagen gab es traditionellerweise Fisch, an Sonntagen Rouladen oder ein Braten. Und zum Nachtisch dann Pudding mit … *Eischnee*!

Eischnee? Da wurde das Klare vom Ei mit einer Prise Zucker in einen Suppenteller gegeben und, bis kurz bevor man eine Sehnenscheidenentzündung bekam, mit einer Gabel steifgeschlagen. Wie das ging, lernte man meist von der Mutter. Ebenso wie das Kochen und so wurden einige Gerichte von Generation zu Generation weitergegeben.

In Regina und Eitel Mantowskis Garten gibt es immer genug zu tun ...

Kochsendungen waren noch nicht so populär und der Begriff des Koch-Entertainers sollte erst 40 Jahre später erfunden werden. Clemens Wilmenrod, der Erfinder des „Toast Hawaii“, zauberte in seiner 15-minütigen Fernsehsendung zwar ein kleines Menü. Aber das war nicht für die Männer, die nach der Schicht nach Hause kamen. Essen sollte da in erster Linie den Magen füllen, der Gaumenkitzel war nur ein netter Nebeneffekt. Die Männer wollten satt werden und hatten nach der schweren körperlichen Arbeit einen „Riesenkohldampf“.

So ein Appetit ist aber, entgegen der Namensgebung, nicht nur mit Kohl zu sättigen. Wann immer es die Lohntüte zuließ, musste Fleisch her, denn der Mann „braucht ja Kraft“. Deswegen fand sich in den Eintöpfen oft eine Fleisch- oder Wursteinlage, in jedem Fall aber Markklößchen oder zumindest Ei-Stich.

Glück hatte derjenige, der einen guten Draht zu einem Bauern hatte oder selbst Schweine halten konnte. Anfang November wurde dann in der Kolonie geschlachtet. Das Schwein hängte man an eine Leiter, dann wurde es aufgeschnitten und ausgeweidet. Aus dem aufgefangenen Blut bereiteten die Frauen Blut- oder Grützwurst. Aber auch hier musste Alles seine Richtigkeit haben: Erst nachdem der Trichinenbeschauer dem Schwein seinen Stempel aufgedrückt hatte, durfte das Fleisch weitergegeben werden. Alles wurde verwertet. Gehirn und Innereien, kleingeschnitten und in der Pfanne gebraten, galten unter Kennern als Köstlichkeit.

Auch die Kinder hatten ihren Spaß an so einem Schlachtfest; gab doch die aufgeblasene Schweinsblase einen 1a-Fußball ab. Und die Mädchen brachte man zum Quieken, wenn man mit den Schweinsaugen knickerte!

Damit die leckersten Gerichte, die besten Tipps und Tricks nicht in Vergessenheit geraten, folgt hier eine kleine Liste:

Leineweber

Kartoffeln werden geschält und gestiftet, in Mehl gewendet und gebraten, dazu gibt man Zwiebeln – je nach Geschmack schön dick geschnitten.

Milchsuppe

Milch aufkochen und mit Puddingpulver andicken.
Variante 1: Nudeln in die Milchsuppe
Variante 2: Mehl, Salz und Vanillezucker mit ganz wenig Wasser anrühren, die Klümpchen gibt man in die Milchsuppe: „Geribbeltes“

Brandkartoffeln

Kartoffeln werden geschält und gestiftet, dann mit Zwiebeln, Salz und Pfeffer in Öl anbraten.

Eingemachte Birnen

werden mit Zimt und Zucker in Einmachgläsern im Ofen haltbar eingekocht. Das war Obst für den Winter!

Schwedenspeise (Namensgeber unbekannt)

Milch mit Grieß kochen, bis sie dick und breiig wird.

Markklößchen

Aus Röhrenknochen wird das innere Mark herausgelöst, mit Eigelb und Paniermehl vermengt, aus dem Mus formt man kleine Klöße und gibt sie in die Suppe.

Fitzebohnen mit Möhren

müssen säuerlich abgeschmeckt werden

Linsen

mit Trockenpflaumen, die müssen aber noch mit Stein sein, dann ist das Aroma ein ganz Anderes!

Jägerkohl

Weißkohl schmoren, süß-säuerlich abschmecken, Räucherspeck oder Würstchen dazu oder Schälrippchen mitkochen lassen

Beliebt waren auch jede Art von Klößen und Klopsen. Die Rezepte dazu kommen aus den unterschiedlichsten Regionen.

Hier ein beliebtes ostpreußisches Gericht:

Königsberger Klopse

Fleischbällchen aus Gehacktem formen, in einer Bouillon kochen, die Bouillon anschließend andicken und gegebenenfalls Kapern hinzugeben.

In einer Zeit, in der man für drei Pfund grüne Heringe (also ganz frische, die noch nicht gesalzen oder sauer eingelegt waren) eine Mark bezahlte, blieb meist kein Geld für das, was Kinderherzen höher schlagen lässt: Süßigkeiten! Doch hier war man erfinderisch und machte sich seine Klümpkes eben selbst:

Klümpkes

Man brauchte nur eine Pfanne, Fett, Butter und Zucker. Das Fett wurde ausgelassen und Butter sowie Zucker dazu gegeben. Schön vorsichtig hellbraun werden lassen und dann so große Klümpkes formen, dass die gut in den Mund passen!

Kindheit

Kinder haben zu allen Zeiten gespielt, sich gekloppt und Unfug gemacht, doch zu Kinderzeiten unserer Zollvereiner spielte die Musik hauptsächlich auf der Straße!

„In der Kolonie, da lebte man wie in 'ner Sippschaft. Wer zum Königreich Beisen gehörte, hatte es gut, jeder andere brauchte einen Ausweis, wenn er hier rein wollte. Wenn hier jemand sein Fahrrad stehen ließ, konnte man sich das nehmen und stellte das hinterher wieder hin, aber wehe jemand anderer hat das genommen!
Wir zogen meist zu zehnt herum. Haben einen Spaten auf die Schulter genommen und sind aufs Feld gegangen: Mäusestechen!
Wir haben nach Mäuselöchern gebuddelt und dann den Mäusen mit den Spaten die Ausgänge versperrt. Dann haben wir die gefangen und den Nachbarn, die uns immer am meisten geärgert haben, durch die Fenster in die Bude geworfen."

Der flinke Mäusestecher, **Theresa Spahns** Mann Detlef, ist in jungen Jahren der Star eines Kinderzirkus!

„Wir haben auch Zirkusvorstellungen gegeben mit unserem Zirkus Bullemann! Dann haben wir ein Seil gespannt und ne Wolldecke darüber gehängt. Ich war als Kind ziemlich klein, da haben die mich in einen Koffer gepackt und mit viel Hokuspokus schließlich aus dem Koffer gezaubert! Manchmal musste ich ganz schön lange drin bleiben. Wir haben 5 Pfennig Eintritt genommen und sind nach den Vorstellungen erst mal an die Bude gegangen."

Während die Mädchen die Lippenstifte der älteren Schwestern klauten, sich aufs Feld setzten und sich schminkten, durchforsteten die Jungs die unterirdischen Koloniewege.

„Wir haben die Kanaldeckel hochgehoben, sind mit sieben bis acht Leuten da rein, und zack – nächste Straße wieder raus gekrabbelt. Das hat da unten vielleicht gestunken. Wir kannten uns bald ziemlich gut aus und haben uns nie verlaufen."

Margarethe Waschkowski bei den Hausaufgaben

Freitags war Badetag. Gebadet wurde in einer Zinkwanne. Mit einer Wannenfüllung wurden gleich mehrere Kinder saubergeschrubbt und am Ende auch noch der Bürgersteig.

Mit Bällen wurde allerorten und jederzeit gekickt, es wurden aber durchaus auch andere Dinge zum Spielball umfunktioniert.

> *„Wenn wir Minustemperaturen hatten, sind wir aufs Feld und haben uns die gefrorenen Kohlköpfe geholt. Damit konnte man herrlich Schlagball spielen. Da sind etliche Fensterscheiben bei kaputt gegangen.*
> *Pinnchen kloppen war auch sehr beliebt. Wir haben mit zwei Mannschaften gespielt. Da schlug man nen Holzpinnchen mit einem Stock und der Nächste musste vom Aufschlag weiterschlagen."*

Wenn der Klüngelskerl in die Kolonie kam, war der Spaß schon programmiert.

> *„Wir haben allerhand Geschäfte mit ihm gemacht. Zum Beispiel haben wir ihm Kaninchenfelle verkauft. Das Stück für 10 Pfennig. Der Klüngelskerl hat das Fell über die Schulter nach hinten auf den Wagen geworfen. Dann hat vorne einer den Klüngelskerl in ein Gespräch verwickelt und ein anderer hat das Fell von hinten wieder vom Wagen geholt. Beim nächsten Mal haben wir ihm das wieder verkauft. Der Klüngelskerl kam mit vollem Wagen und fuhr mit leerem ab."*

Die ersten Versuche zu Rauchen sind ein zentrales Thema einer jeden Kindheitserinnerung!

> *„Mein Vatter hatte Tabakpflanzen angebaut und wir wollten die endlich mal rauchen. Aber einer hat gesagt, man könne die erst rauchen, wenn die Blätter braun wären. Weil uns das mit dem Reifwerden zu lange dauerte, haben wir die einfach angepinkelt, da sind die Blätter von selbst braun geworden. Und dann haben wir die gedreht und geraucht. Mensch, da lagen wir aber alle auf der Mistkuhle und haben die Augen verdreht."*

Die meisten Jungen werden sicherlich auch die Augen verdreht haben, wenn die Kinderschützenfeste anstanden. Denn dann wurden eine Schützenkönigin und ein Schützenkönig bestimmt. Und so ein königliches Paar muss vor dem Volk seine gegenseitige Zuneigung bekunden …

Das Kinderschützenfest in der Kolonie

Das Kinderschützenfest in der Kolonie: Margarethe Waschkowski ist wieder die Königin.

„Oh, die Jungens, die schämten sich, die wollten oft gar nicht König sein. Die haben sich meist geweigert und gesagt: Ich nehm' doch keine Schickse innen Arm!"

Die Mädchen dagegen hätten alles gegeben, um Königin oder wenigstens Bogenträgerin zu werden.

Margarethe Waschkowski wurde gleich zweimal zur Königin gekrönt.

„Man musste eigentlich gar nichts Besonderes machen.
Eine wurde eben als Königin bestimmt. Dann bekam man eine weiße Tischdecke und Tücher um den Kopf umgehängt. Aus Krepppapier wurden bunte Bänder geschnitten, und mit denen wurde das Königspaar geschmückt.
Und dann gab es noch die Bögen, die wurden von zwei Kindern getragen oder waren jeweils an den Enden an Fahrradlenkern befestigt. Diese Bögen wurden auch mit Bändern aus Krepp-Papier oder Stoff, aber auch mit Blumen und Zweigen geschmückt."

Helga Gabriel wurde der begehrte Bogenträgerinnenposten immer wieder von einem Zwillingspärchen weggeschnappt.

„Diese Kinderschützenfeste haben wir Kinder selbst organisiert. Wir sind in der Nachbarschaft rumgegangen und haben die Leute gefragt, ob sie uns einen Pfennig geben können. Manchmal hat die ein oder andere gesagt: ‚Ich mach euch einen Kartoffelsalat mit Eiern.' Andere haben Nudelsalat gemacht oder was anderes gespendet. Einige Frauen haben Kostüme für uns genäht."

Zunächst zogen die Kinder durch die Straßen und sangen das Lied für das Königspaar:

„Wir haben einen König und eine Königin
wir führen sie spazieren
vor aller Leute Türen.
Gloria, Gloria …
Der soundso ist der König,
die soundso die Königin."

Zum Kinderschützenfest gehörte auch ein Umzug durch die Kolonie.

Margarethe Waschkowski als Königin des Kinderschützenfestes, 1948

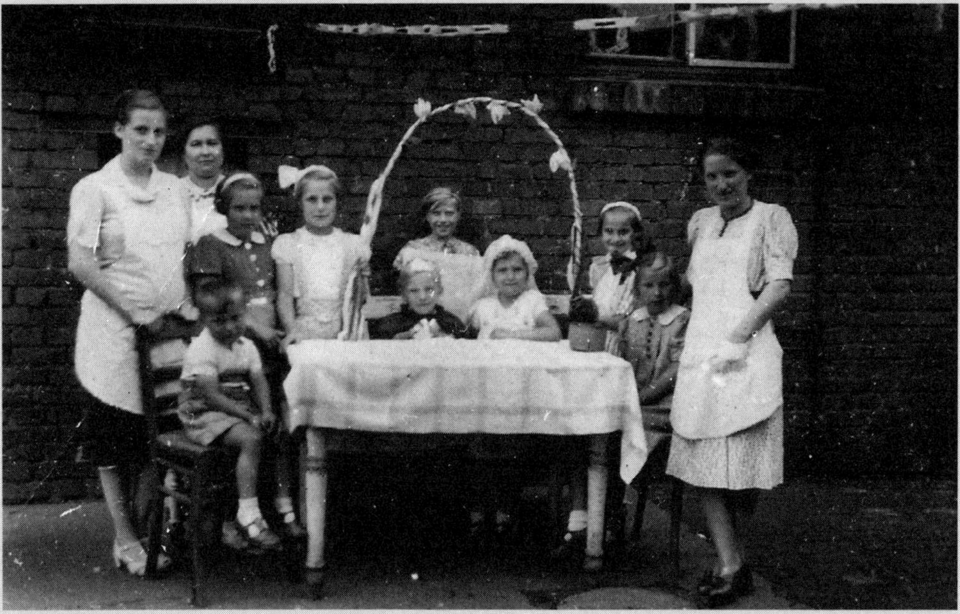

Wieder sind die Zwillinge Bogenträger geworden.
Helga Gabriel (4. v.li.) darf nur zugucken.

Wenn **Helga Gabriel** das Lied anstimmt, glaubt man ihr noch heute, dass sie eine würdige Bogenträgerin gewesen wäre, wenn es damals nicht dieses verflixte Zwillingspaar gegeben hätte.

Am Ende traf man sich an den gedeckten Tischen, dann wurde gemeinsam gegessen und gespielt. Am Abend kamen dann die Erwachsenen, mit einem Akkordeonspieler und dem ein oder anderen Bierchen bzw. Schnäpschen dazu.

Doch vielen war das Königreich rund um Zollverein zu klein. Es zog sie hinaus zu umliegenden Ufern.

> *„Wir sind auf einen Zug gesprungen und dann bis zum Kanal mitgefahren. Dann sind wir an die Schiffe ran geschwommen und haben uns bis zur Schleuse in Dellwig mitnehmen lassen. Mit dem nächsten Schiff sind wir dann wieder zurück."*

Die Stoppenberger Huckleberry Finns und Tom Sawyers lieferten sich Seeschlachten auf Holzbrettern in Pfützen oder gingen auf Wiesen, die unter Wasser standen, auf Odyssee.

Vor dem Zweiten Weltkrieg: Das Elternhaus von Margarethe Waschkowski (in der linken Tür) in der Straße Viermännerhöfe

Der Zweite Weltkrieg veränderte auch das Leben der Kinder. Wie auch einige andere Kinder wurde **Margarethe Waschkowski** evakuiert.

„1943 schickten mich meine Eltern nach Ostpreußen. Mein Bruder brachte mich dorthin. Mein Großvater und meine Tanten lebten auf einem Bauernhof. Als ich am nächsten Morgen erwachte, war mein Bruder bereits wieder abgereist. Ich war geschockt."

Eine ihrer Tanten ist Schneiderin. Durch sie wird wohl die Liebe zur Schneiderei geweckt worden sein.

„Meine Tante hat Kleider für mich und meine Puppe genäht. Wir waren immer gut angezogen."

1944 stirbt Margarethes Mutter.

„Ich habe sie vor ihrem Tod nicht wiedergesehen."

Margarethe Waschkowski hat bereits als Kind einen Gehörschaden. Vielleicht ist sie deswegen gern für sich allein.

„Ich habe die Natur immer sehr geliebt. Bin in den Wald gegangen und hab mich an den Teich gesetzt und war ganz für mich. Ich hab' auch nicht geweint, als die Nachricht vom Tod meiner Mutter kam. Die Anderen waren darüber ganz entsetzt."

Dann kamen das Weihnachtsfest 1944 und die Russen.

„Plötzlich hörten wir Bollerschüsse. Auf dem Hof hatten wir zwei Knechte, einen Polen und einen Russen. Die haben ein tiefes Loch graben müssen und dort hinein wurde alles getan, was wertvoll war. Im Januar waren die Russen dann da. Ich saß hinter der Scheune und habe sie kommen sehen. Sie kamen in die Küche und sind über Nacht geblieben. Meine Tanten mussten für sie kochen. Aber die Russen wollten mehr. Sie wollten Sex mit den Frauen. Die Tanten haben sich in einen Raum verschanzt und wir Kinder – wir waren zu neunt – haben uns vor die Tür gestellt und die Tanten beschützt. Da haben die Russen geschossen. Aber sie schossen nur die Glühbirnen aus. Keinem von uns ist etwas passiert. Ich habe nie erlebt, dass sie gewalttätig geworden wären. Als sie gingen, haben sie nur unsere Kleidung mitgenommen."

Nach dem Kriegsende 1945 bekommt eine ihrer Tanten die Genehmigung, mit **Margarethe** zum Vater nach Essen zurückzukehren. Margarethes Schwester Hilde lebt dort bereits mit dem Witwer zusammen.

„Vater bekam immer wieder Anfälle. Ich hatte vor diesen Momenten große Angst. Wenn meine Schwester nicht zu Hause war, bin ich nach draußen gegangen und habe mich auf den Bürgersteig gesetzt."

Die Kriegsjahre waren vorbei, und jedermann war damit beschäftigt, sein Leben zu organisieren.

Die Kinder wuchsen langsam heran, steckten aber immer noch in kurzen Hosen und trugen zur Sonntagsmesse weiße Kniestrümpfe.

Der Eine oder Andere verdiente sich ein paar Pfennige dazu.

Regine Gladt und ihre Freundin Christel drängte es schon früh in die Selbstständigkeit.

„Meine Freundin hatte Astern im Garten. Die haben wir zu kleinen Bündchen gebunden, und dann sind wir auf den Gelsenkirchener Markt. Manchmal sind wir schon um 6 Uhr aufgestanden. Aber auf dem Markt gab es Theater mit den Leuten von den anderen Ständen, weil wir die Blumen viel billiger verkauft hatten. Dann haben wir unser Körbchen genommen und sind an eine andere Stelle gegangen. Das hat sich gelohnt. Das war eine tolle Ergänzung für unser Taschengeld."

Manche arbeiteten schon als kleines Familienunternehmen.

„Wir haben Fußbälle genäht. Die ganze Familie hat mitgemacht. Das waren richtige Lederbälle. Die brachten uns das Material, und wir haben die mit langen Nadeln zusammengenäht. Der Faden wurde vorher durch Pech gezogen, damit er länger hielt."

Detlef Spahns Spezialität war die letzte Naht!

Fußball war immer wichtig, zu jeder Zeit, auch dann als man älter wurde und sich die Jungen auf einmal durchaus vorstellen konnten, mal eine „Schickse" in den Arm zu nehmen.

Aus Kindern werden Leute …

„Bei Bullmann ist heute Abend was los!" Damit begann die Liebesgeschichte von **Regine und Alfred Gladt.**

Die damals Fünfzehnjährige zog mit ihrer Freundin los. Die Freundin macht ihr Mut: *„Da gegenüber sitzt doch einer, der sieht ganz nett aus."* Der da gegenüber saß, war damals neunzehn und ließ sich gerne von Regine zum Tanz auffordern.

„Wir können es ja mal versuchen!"

Von da an war Regine bei jedem Wetter nah bei ihrem Schatz auf dem Fußballplatz. *„Wir haben durch den Fußballverein jede Menge Leute kennengelernt."*

Ein halbes Jahr ging das gut. Dann witterten die Eltern Lunte. *„Wo rennst du denn immer hin?"* Prompt gab es strengste Ausgehzeiten, die peinlich genau einzuhalten waren. Silvester lüftete Regine ihr Geheimnis und stellte ihren Schatz den Eltern vor. Drei Jahre später heiratete die 18-jährige Regine ihren Fußballspieler. *„Jetzt haben wir unsere Goldene Hochzeit schon hinter uns und sind immer noch glücklich."*

Da hat er schon ein Auge auf seine Regine geworfen: Alfred Gladt und seine Regine (rechts)

Detlev Spahn trug seine ihm später Angetraute bereits auf Händen, als er selbst noch jede Menge Flausen im Kopf hatte.

„Er hat mich schon als kleines Baby auf dem Arm gehabt."

Das brachte ihm aber später, als **Theresa Spahn** zu einem Teenager herangewachsen war, keine besonderen Vorteile mehr ein.

Die 15-jährige **Theresa** konnte er zunächst nicht besonders beeindrucken.

„Der hat da in seiner Ecke gesessen mit seinem Kofferradio. Und ich dachte: ‚Boah, is' der doof mit seinem Radio in der Hand.'"

Ziemlich bald fanden die Beiden dieselbe Wellenlänge. 1966, fünf Jahre nach ihrem Kennenlernen, heiratete die 19-Jährige ihren Detlev, und das Kofferradio gehörte damit zum gemeinsamen Haushalt.

Wenn einer eine Reise tut, dann kann er was erleben! Manchmal muss man nicht sehr weit fahren und kann etwas erleben, das das weitere Leben prägen wird. Während seines Urlaubs in Steinborn in der Eifel lernte **Heinz Spahn** seine spätere Frau kennen. Es folgten mehrere Briefe und Eifelbesuche, und schließlich feierte man „Hylisch" – die Steinbornsche Variante des Polterabends.

Das junge Paar wohnte zunächst bei den Eltern des Ehemannes. Denn für den hieß es für die nächsten 18 Monate: „Helm auf!" – Ab zum Wehrdienst!

Nicht nur bei den Spahns spielte sich das Leben im Kreise der „Sippe" ab. Für viele legten die Eltern die Initialzündungen für die alles entscheidende Herzattacke.

„Unsere Väter kannten sich gut. An einem Sonntag schlug mein Vater einen Besuch bei seinem Kollegen Otto vor. Wir waren gerade angekommen und saßen zusammen, da kam Ottos Sohn aus der Kirche. Naja, er gefiel mir eigentlich von Anfang an."

Eitel Mantowski wird es wohl ähnlich gegangen sein, denn schon am nächsten Tag steht er nach Feierabend am Werkstor der Fabrik, in der **Regina** arbeitet.

„Ich dachte, was will der denn hier?"

Erst mit der Einverständiserklärung des Herrn Papa durfte Ewald Waschkowski seine 18-jährige Margarethe heiraten.

Das war aber bald klar gestellt und nach anderthalb Jahren wurde geheiratet.

„Eitel hatte einen großen Freundeskreis, da war jedes Wochenende Highlife."

Manchmal kommt die Liebe auf leisen Sohlen, wie bei **Margarethe und Ewald Waschkowski.**

„Er kam zu mir nach Hause und hat sich in meiner Familie gleich wohl gefühlt. Wir sind oft spazieren gegangen; zu Fuß nach Gelsenkirchen. Wir haben vorher unsere Pfennige zusammengekratzt, und dann sind wir ins Kino gegangen. Für drei Mark saßen wir vorne im Parkett."

Im Juli unterschreibt Vater Alshut die Einverständniserklärung, dass seine 18-jährige Tochter Margarethe ihren Ewald heiraten darf.

„Wir waren viel zu jung zum Heiraten! Aber man bekam ja nur eine Wohnung, wenn man verheiratet war!"

Helga Gabriel trug immer noch ihre weißen Kniestrümpfe, als sie ihren Mann kennenlernte.

„Es gab immer mittwochs und samstags Tanz und dann spielten immer verschiedene Kapellen. Und ich stand da mit meinen Kniestrümpfen!"

Manchmal schleicht sich die Liebe auch auf Strümpfen heran. Und dann? Im Film wird nach dem Happy End für gewöhnlich ausgeblendet! Hier nicht! Die nächste Generation wurde geboren und machte ihre ersten Schritte, manche traten in die Fußstapfen ihrer Väter und arbeiteten ebenfalls auf Zollverein.

Doch der größere Teil zog aus, um die eigenen Träume wahr zu machen, doch das ist eine andere Geschichte.

Zollverein und Sportfreunde Katernberg

Eitel Mantowski

Beginnen wir diesen Rückblick auf 1945 bei der Stunde Null. Der Krieg war zu Ende, und alles fing von Neuem an. Die Menschen auch in Katernberg wollten essen, trinken, brauchten Wohnraum. Das Geld war nichts wert, wer aber auf der Zeche war, bekam auch zu essen. Der Bergbau im Ruhrgebiet mit seinen vielen Nebenbetrieben beschäftigte sie alle, auch Fußballer. Sie gingen arbeiten, und Fußball war Freizeit. Bezahlten Fußball gab es noch nicht. Viele der Spieler von Sportfreunde waren Zollvereiner. 1947, knapp zwei Jahre nach dem Krieg, hat schon Schalke 04 bei einem Meisterschaftsspiel in Katernberg gegen Sportfreunde gespielt. Es war noch die Hungerzeit, die Währung kam erst 1948. Wenn diese Vereine seinerzeit bei Sportfreunde im Stadion im Lindenbruch spielten, ob Schalke 04, Rot-Weiß Oberhausen, Rot-Weiss Essen oder Borussia Dortmund, war es ein Volksfest. Der Lindenbruch und die Gelsenkirchener Straße waren geschmückt mit grün-weißen Fahnen. Spielten die Sportfreunde bei Rot-Weiss Essen in Bergeborbeck, dann war in Katernberg alles auf den Beinen. Alles, was laufen konnte, ging zu Fuß nach Rot-Weiss Essen.

So begann der Fußball in Katernberg nach dem Krieg nicht wieder ganz von vorne. Es waren Spieler da, die auch zwischen 1933 und 1945 Fußball gespielt hatten. Andere kamen aus der Kriegsgefangenschaft zurück. – Und viele von ihnen kamen zurück an den Lindenbruch.

Die Mannschaft und Fans der Sportfreunde Katernberg als Vizemeister des Westens in der Schalker Glückauf-Kampfbahn: (stehend, v.li.) Hermann Winzler, Helmut Pentig, Werner Pisarski, Wilhelm Koschinski, Paul Mieloszyk, Otto Majewski, Trainer Küter; (knieend) Heinz Kubsch, Franz Rynkowski, Werner Kurz und Werner Ruppel

Fußball neben dem Förderturm

Heinz Mühlenbruch

Fauchende Schlote, Fördertürme. Fußball vom Feinsten – so war es einmal, dieses Stück Deutschland! Wo es den Pütt oder die Hütte gab, waren die Clubs; und ihre Namen erzählen von kickender Auslese. Und dazu gehörten auch die Sportfreunde Katernberg mit Kubsch, Majewski, Mieloszyk, Rahn, Penting, Winzler, Vordenbäumen u.a. Der Run auf die Fußballclubs war nach dem Kriege groß.

1946 begann ich – Heinz (Haita) Mühlenbruch – auch damit, gegen den Ball zu treten. Der Erfolg war vielversprechend, denn durch Ehrgeiz, eine gute Schulung durch die Trainer sowie die Teilnahme in den Auswahlmannschaften wurde die Seniorenabteilung auf mich aufmerksam. Ich wurde schon früh – mit 16 Jahren – zum Training der ersten Mannschaft eingeladen, die damals in der Oberliga West spielte. Mit 17 bekam ich dann bereits einen Vertrag für die erste Mannschaft. Zusammen mit dem damaligen Spieler Heinz Crawatzo von Schalke 04 war ich der jüngste Vertragsspieler der Oberliga. Aber der Abstieg der Sportfreunde aus dem bezahlten Fußball begann bereits 1954/55. Für die neue Spielzeit unterschrieb ich einen Vertrag bei der SG Wattenscheid 09 unter dem Trainer Heinz Flotho – einem ehemaligen Nationaltorwart. Dieser Vertrag wurde aber nach kurzer Zeit vom DFB nicht genehmigt, und ich kehrte zu meinem Stammverein, den

Sportfreunden, zurück. Da ein großer Teil der Mannschaft auf der Zeche Zollverein beschäftigt war, bekam auch ich dort im kaufmännischen Bereich eine Anstellung.
Zwei Jahre Verbandsliga, vier Jahre Landesliga waren meine nachfolgenden Stationen. Unvergessen ist das Aufstiegsspiel gegen den damals haushohen Favoriten FC Bocholt vor über 5.000 Zuschauern am „Dicken Stein", dem Platz von Sterkrade 06/07.
Nach der Beendigung meiner Spielerlaufbahn machte ich 1963 meinen Trainerschein und trainierte die Seniorenmannschaft der Sportfreunde Katernberg. Der Erfolg ließ nicht lange auf sich warten: Einmal wurden wir Stadtpokalsieger und einmal zweiter Pokalsieger. Das waren unsere größten Erfolge.
1976 beendete ich meine sportliche Laufbahn. Aber meine Mitgliedschaft beim SFK besteht nun schon seit über 63 Jahren, und das soll auch so bleiben!

Bei den Spielen am Lindenbruch gab es schon mal die ein oder andere Schlammschlacht ...

Fußball – das war mein Leben

Artur Vierling

Dieser Spruch galt auch für mich. Meine Arbeit auf Zollverein war die eine Seite meines Lebens, aber danach kamen der Fußball und die Musik.

Mit dem Fußballspielen habe ich bei den Sportfreunden Katernberg angefangen – das war für uns auf der Zeche so üblich. Als dann Anfang der 1960er Jahre Schiedsrichter gesucht wurden, habe ich mich direkt gemeldet und bald auch meine Prüfung abgelegt. Nach einigen Jugendspielen, die ich pfeifen durfte, wurde es dann ernst. Und mein Schiedsrichter-Aufstieg ging steil nach oben: Kreisliga – Bezirksliga – Landes- und Verbandligen und schließlich sogar die Oberliga West, wo ich als Assistent eingesetzt wurde. Köln, Aachen, Leverkusen und Gelsenkirchen waren meine Stationen auf diesem Weg.

Auf der Sportanlage von Zollverein Schacht 3/10 hatte ich einmal ein sehr interessantes Spiel zu leiten: Die Ärzte und Pfleger des St.-Vincenz-Krankenhauses spielten gegen die Alten Herren von Fortuna Düsseldorf mit dem ehemaligen Nationalspieler Georg Hochgesang.

Viele Werksmannschaften – unter anderem natürlich auch die von Zollverein – spielten unter meiner Leitung.

Artur Vierling (2. von rechts) hat inzwischen Pfeife und Karten ganz an den jungen Nachwuchs weitergegeben.

Bei internationalen Spielen von Rot-Weiss Essen wurde ich in den Spielen gegen PSV Eindhoven (Niederlande) und IF Elfsborg (Schweden) als Assistent eingesetzt.

Mit zunehmendem Alter wurden die Spiele weniger, weil die Jugend nachrückte – Gott sei Dank! Die Spiele, die ich pfeifen durfte, waren dann auch nicht mehr so interessant.

Am schlimmsten waren immer die Spiele der Altherren-Mannschaften. Diese Sportkollegen wissen alles besser, können alles besser und sehen alles besser als der Schiedsrichter. Und sie möchten im Alter dann noch einmal all das spielen, was sie in früheren, jungen Jahren vielleicht einmal gekonnt hatten. Wenn es dann nicht klappt, wer trägt dann die Schuld daran? Natürlich – der Schiedsrichter! Schlimm war das!

Nach insgesamt 45 Jahren – ich habe von 1961 bis 2006 gepfiffen und assistiert – musste ich meine Pfeife aus gesundheitlichen Gründen an den Nagel hängen. Aber im Nachhinein war meine Zeit als Schiedsrichter sehr schön und ich denke noch gerne daran und an viele meiner Sportkollegen zurück.

Der größte sportliche Erfolg der Sportfreunde Katernberg war der 2:4-Sieg über den FC Schalke 04 am 18. April 1948 vor 25.000 Zuschauern. „Katernberg – oder das Rennen des Außenseiters“ titelte noch im Dezember 1947 der „Herner Sport-Kurier“. Als unbeschriebenes Blatt gestartet, verteidigte die Elf aus dem Essener Norden monatelang die Tabellenführung in der neuen Oberliga West. Erst drei Tage vor dem Saisonende musste man Borussia Dortmund die Tabellenführung überlassen.
Gerade vor dem heimischen Publikum auf dem Aschenplatz am Lindenbruch (Die Rasenplatz-Vorschrift trat erst mit Beginn der folgenden Spielzeit in Kraft.) ließen alle etablierten Vereine Punkte. „So hautnah wie am Lindenbruch spielte man nirgendwo in der Liga am gegnerischen Publikum. Wer in Katernberg gewinnen konnte, hatte eigentlich einen Zusatzpunkt verdient: für die Nerven“, erinnert sich Erkenschwicks „Jule“ Ludorf.

Die zweite Mannschaft der Sportfreunde Katernberg mit Artur Vierling (1. Reihe, rechts).
Auf dem Bild sind nur elf Spieler zu sehen und das hatte den Grund, dass nach den damaligen Regeln kein Spieler ersetzt werden durfte, sei es, weil er verletzt, vom Platz gestellt worden war oder lediglich aus – wie es heute heißt – taktischen Gründen.

Werner Moritz (×) hat abgezogen, doch der Torwart von BV Altenessen, Göricke, kann den Ball gerade noch aufnehmen.

Zollverein und meine Sportfreunde

Werner Moritz

Ich habe am 3. April 1950 auf der Schachtanlage Zollverein 3/10 als Bergmann angefangen. Nach drei Lehrjahren über Tage, in denen ich in verschiedenen Betrieben ausgebildet wurde, z.B. Schlosserei, Schmiede, Lampenstube usw. Nach diesen drei „Lehrjahren“ kam ich im April 1953 nach unter Tage. Auch hier gab es ein so genanntes Lehrrevier, in dem man lernte, wie die Kohle abgebaut und der Ausbau angebracht wird.

Im Jahre 1946 trat ich in den Fußballverein Sportfreunde Katernfreude 1913 e.V. ein. Von der Knabenmannschaft angefangen, bekam ich 1954/55 einen Vertrag angeboten und durfte dort mit einigen meiner großen Vorbilder zusammen spielen: z.B. Hermann Winzler, Otto Majewski, Hellmuth Penting usw.

Leider konnten wir in dieser starken Oberliga nicht bestehen und sind am Saisonende abgestiegen. Von dieser Zeit an ging es stetig bergab bis hinab zu den Amateuren.

Auch das gab es zu den Glanzzeiten der Sportfreunde Katernberg:
Der Zug der Nahverkehrslinie Altenessen-Oberhausen (links im Hintergrund) hielt neben dem Spielfeld an. Manche Zugführer nahmen es mit der Pünktlichkeit nicht so genau und ließen die Reisenden in den kostenlosen „VIP-Plätzen" des stehenden Waggons das laufende Spiel genießen.
Sportfreunde Katernberg – Preußen Dellbrück 0:2, 24. September 1950.
Dellbrücks Torhüter Fritz Herkenrath, der 1955 mit Rot-Weiss Essen Deutscher Meister werden sollte, bei einer Faustabwehr am Lindenbruch.

Schlusswort

Ich habe im Januar 1958 in der Schmiede in der Zentralwerkstatt auf Schacht 12 meine Arbeit begonnen und so die Zeche Zollverein kennengelernt. Die Frage, die mich immer bewegt hat, wenn ich aus der Werkstatt rauskam und sah, wie sich die Seilscheiben oben auf dem Fördergerüst drehten, war: „Wie lange wird das noch gehen? Was ist, wenn dort unten die Kohlen zuneige gegangen sind", was ja dann auch der Fall war, „was wird dann aus Zollverein?"

Ich wusste es nicht. Ich hatte zwar früh den Gedanken von Professor Borsdorf vernommen, bei einem Gespräch hatte er es dargestellt: „Die Zeche Zollverein und das Ruhr Museum". Ich hatte Zweifel, das habe ich auch Herrn Borsdorf gesagt, und ihn dann gefragt, ob er die Wäsche überhaupt kenne, in der so viele Jahre die Kohlen aufbereitet wurden. Ich kannte die Wäsche, ich hatte dort viele Reparaturschichten gemacht. Ich muss sagen, der Wandel ist gelungen, und er kommt an bei den Menschen.

Ich bin nicht nur Zollvereiner gewesen, ich bin Katernberger seit meiner Geburt und werde es bleiben. Und erlebe immer noch Zollverein.

Glück auf,
Eitel Mantowski

Chronik

1847 Konsolidierung von 14 Einzelfeldern zum Grubenfeld Zollverein im Bereich der Dörfer Katernberg, Stoppenberg, Schonnebeck auf dem Gebiet der heutigen Städte Essen und Gelsenkirchen

1847 Inbetriebnahme der Köln-Mindener Eisenbahnlinie

1847 Beginn des Abteufens von Schacht 1 nahe der Köln-Mindener Eisenbahn

1850 Beginn des Abteufens von Schacht 2 zur Wasserhaltung

1851 Förderung der ersten verkaufsfähigen Kohle aus einer Teufe von 124 Metern.

1880 Beginn des Abteufens von Schacht 3 im östlichen Teil des Grubenfeldes Zollverein

1891 Beginn der Abteufarbeiten von Schacht 4 im nördlichen Grubenfeld

1894 Teufbeginn Schacht 5

1895 Teufbeginn Schacht 6 im südlichen Grubenfeld unweit der Gründungsanlagen

1897 Beginn des Abteufens von Schacht 7

1897 Beginn der Teufarbeiten für Schacht 8, Fertigstellung 1903

1903 Teufbeginn Schacht 9

1911 Teufbeginn Schacht 10

1913 Sportfreunde Katernberg 1913 werden als Spielabteilung des TV Katernberg (von 1887) gegründet

1920 Führung und Verwaltung von Zollverein werden der Phoenix AG, einem Eisenwerk, übergeben.

1922 Beginn der Arbeiten an Schacht 11

1924 Fusion des TV Katernberg mit dem BSV 1916 Katernberg und Umbenennung in Sportfreunde Katernberg

1926 Die Vereinigte Stahlwerke AG wird als Zusammenschluss der Montanunternehmen Phoenix AG, der Thyssen-Gruppe, der Rheinelbe-Union und Rheinstahl AG gegründet. Damit ist der größte Konzern des Kontinents im Bereich Bergbau und Stahlproduktion entstanden.

1927 Fertigstellung von Schacht 11

1928 Baubeginn Zentralschacht 12 nahe der Gründungsanlage, angesetzte Kosten: 24 Mio. RM (ungefähr 80 Mio. Euro). Architekten: Fritz Schupp und Martin Kremmer

1929 Einstellung der Kohleförderung auf Schacht 6/9

1929 Eingemeindung von Katernberg, Stoppenberg und Schonnebeck in die Stadt Essen

1932 (1. Februar) Förderbeginn auf Zentralschacht 12, Förderkapazität: 12.000 Tonnen reine Kohle, Teufe der Fördersohle: 610 m.

Einstellung der Kohleförderung auf 1/2/8, 3/7/10 und 4/5/11. Aufgabe und Verfüllung von Schacht 5.

1934 Die Vereinigte Stahlwerke AG wird aufgrund von Schwierigkeiten während der Weltwirtschaftskrise untergliedert. Das Ressort Bergbau, zu dem auch Zollverein gehört, wird nun in der Gelsenkirchener Bergwerks AG zusammengefasst.

1953 Die Gelsenkirchener Bergwerks AG wird in drei Bereiche gegliedert, Zollverein gehört ab jetzt zur Rheinelbe Bergbau AG.

1956 Beginn der Modernisierung von Schacht 1 zur Erhöhung der Förderkapazität

1957 Baubeginn Zentralkokerei Zollverein in direkter Nachbarschaft zu Schacht 12 und den Schächten 1/2/8; Architekt: Fritz Schupp

1959 Umstellung der Förderung Süd von Schacht 12 auf Gefäßförderung

1953 Die 13. Sohle wird mit 755 m Teufe zur Fördersohle.

1961 Inbetriebnahme der Zentralkokerei Zollverein mit einer Produktionskapazität von bis zu 5000 Tonnen Koks pro Tag

1964 Die Anlage Schacht 2 wird ebenfalls ausgebaut.

1967 Umstellung der Förderung Nord auf Gefäßförderung

1967 Stilllegung des aufwändigeren Abbaus im Baufeld 4/11, Schacht 4 wird verfüllt.

1968 Zusammenlegung eines großen Teils der Bergbaugesellschaften im Ruhrgebiet zur Ruhrkohle AG.

1974 Zusammenlegung mit der Zeche Holland in Bochum Wattenscheid zum Verbundbergwerk Zollverein/Holland, Förderung der Kohle beider Grubenfelder auf Schacht 12, die 14. Sohle wird Hauptfördersohle bei 1.000 m Teufe.

1975 Schacht 6 wird verfüllt.

1977 Im Baufeld 3/7/10 wird bei 1.150 m Teufe die 15. Sohle erreicht.

1979 Stilllegung der Baufelder 1/2/8 und 6/9 aufgrund wirtschaftlichen Drucks

1980 Die Schächte 3 und 7 werden verfüllt.

1982 Verfüllung von Schacht 9

1983 Verbundbergwerk Nordstern/Zollverein mit der Zeche Nordstern in Gelsenkirchen, Förderung weiterhin auf Schacht 12

1986 Schacht 8 wird verfüllt.

1986 (23. Dezember) Einstellung der Kohleförderung auf der Zeche Zollverein nach dem Abbau der bauwürdigen Flöze

1987 Verfüllung von Schacht 10

1991 Die Schächte 1 und 11 werden verfüllt. Schacht 2 und Schacht 12 dienen weiterhin zur Wasserhaltung.

1993 Stilllegung der Zentralkokerei Zollverein

Glossar

Abbauhammer: Werkzeug zum Abbau von Kohle, wird mit Druckluft betrieben und wiegt zwischen 9 und 15 Kilo. Er ist in etwa mit einem Presslufthammer, aus dem Straßenbau bekannt, vergleichbar.

Abteufen: Der senkrechte Teil eines Grubenbaus, der Schacht, wird in die Tiefe gebaut – er wird abgeteuft.

Anschläger: Bedient am Schacht die Schachtsignale und schiebt die Wagen auf die einzelnen Sätze im Förderkorb, oft ein ehemaliger Bergmann.

Assessor: abgekürzte Variante von Bergassessor

Ausziehender Schacht: Hier werden die Abwetter (verbrauchte Luft) von unter Tage abgezogen.

Bergassessor: Beamter mit gehobener technischer Ausbildung, als technischer Hilfsarbeiter oder Inspektor eingesetzt.

Berge, Bergematerial: Das taube, nicht verwertbare Gestein, das mit der Kohle nach über Tage gelangt. Berge wurden früher nach unter Tage verfüllt, um die Absenkungen der Übertagebereiche abzufangen, die durch den Abbau unter Tage entstehen. Heute werden sie meist auf Bergehalden abgekippt. Sie können auch im Straßenbau verwendet werden.

Bewetterung: Versorgt die Arbeitsbereiche unter Tage mit Frischen Wettern (Frischluft). Ab einer gewissen Teufe werden mindestens ein einziehender und ein ausziehender Schacht benötigt, um die Wetter leiten zu können.

Blendläden: Bezeichnung für Fensterläden oder Klappläden

bördeln: Der Rand eines Bleches wird mit einer Maschine oder von Hand rechtwinklig gebogen oder aufgebogen, um beispielsweise Luftkanäle zu schaffen oder Rohre zu verbinden.

Bruchbau: Kohle abbauen, ohne danach den abgebauten Bereich wieder zu verfüllen. Kann auch das planmäßige Zusammenstürzen des Gesteins hinter der Abbaufront bezeichnen.

Bühne: Gemeint ist eine feststehende Arbeitsbühne, von der aus Arbeiter von allen Seiten an die Maschine gelangen, um diese zu reparieren.

Deckel: obere Abdeckung des Förderkorbes

Dezibel: Ab 85 dB(A) beginnt der gehörschädigende Bereich bei Dauerbelastung, hier ist am Arbeitsplatz inzwischen Gehörschutz vorgeschrieben. Mathematische Größe zur Bestimmung des Schalldrucks.

Einziehender Schacht: Hier werden die Frischwetter (frische Luft) nach unter Tage geführt.

Feinkohlenschleudern: Mit Hilfe von Rotation werden die Feinkohlen trockengeschleudert.

Flotation: Dient der Feinstkorntrennung von Kohle und Bergematerial in wässriger Form.

Flöz: Bezeichnung für die Kohleschicht unter Tage. Auf Zollverein wurden die Flöze in einer Teufe von circa 120 bis 1200 Metern abgebaut. Die Arbeit unter Tage in der hier meist thematisierten Zeit, also nach den 1930er Jahren, fand schon bei 600 und mehr Metern statt.

Flözmächtigkeit: Die Höhe eines Flözes. Sie liegt im Ruhrgebiet im Durchschnitt zwischen 80 und 120 Zentimetern. Sie kann auch geringer sein oder aber bis zu mehreren Metern betragen. Letzteres ist aber im Ruhrgebiet nicht der Normalfall.

Fördergefäß: Die Kohle wird hier zur Förderung direkt in ein längliches hohes Stahlgefäß gegeben, Wagen werden nicht verwendet. Mit dem Einsatz der Fördergefäße fiel das verhältnismäßig hohe Eigengewicht der bis dahin genutzten Förderwagen weg, somit konnte die Fördermenge gesteigert werden.

Fördergestell: Fördermittel mit einem oder mehreren Böden zum Befördern von Personen oder Material. Die auf Schacht 12 verwendeten Gestelle hatten vier Sätze (Etagen) für jeweils drei Förderwagen. Üblich waren sonst zwei Förderwagen pro Satz. Die Gestelle wurden später von Fördergefäßen, hier sogenannten Skips, abgelöst.

Fördermaschine: Treibt das Fördersystem an. Das Förderseil, an dessen Ende die Fördermittel im Schacht bewegt werden, wird entweder um eine Treibscheibe geführt (Koepeförderung) oder auf einem Haspel oder einer Trommel aufgewickelt. Die Fördermaschine kann sich entweder in der Fördermaschinenhalle zu ebener Erde (Flurfördermaschine) oder in einem Förderturm direkt über dem Schacht (Turmfördermaschine) befinden. Auf Schacht 2 auf Zollverein etwa steht eine Turmfördermaschine. Direkt auf dem Gelände ist auch die Fördermaschinenhalle von Schacht 1 zu sehen, ein Beispiel für eine Flurfördermaschine. Die Fördermaschinen auf Schacht 12 (Süd und Nord) sind beziehungsweise waren ebenfalls Flurfördermaschinen.

Förderkorb: Der Begriff wird gleichbedeutend verwendet für Fördergestell. Tradierter Begriff aus dem 18. Jahrhundert, als noch richtige Körbe zur Förderung von Mensch, Maschine und Kohle oberflächennah durch Pferdegöppel oder Hand betriebene Haspel eingesetzt wurden.

Förderwagen: Zweiachsiger Wagen aus Stahl mit einem Gewicht von 600 kg und einer Länge von etwa 1,5 Metern, der ungefähr eine Tonne Rohkohle aufnehmen kann.

Gestell(-Förderung), Gefäß(-Förderung): siehe *Fördergefäß, Fördergestell*
Grubenwasser: So nennt man das Wasser, das nach unter Tage in den Grubenbau sickert und abgepumpt werden muss. Dafür ist die Wasserhaltung zuständig.
Hängebank: Bühne über Tage am Schacht, von der aus die Förderkörbe beladen und entladen werden. Die allgemein übliche Höhenhängebank befindet sind in mehreren Metern Höhe über dem Boden. Von hier aus kann die geförderte Kohle gut verladen werden, man nutzt die Schwerkraft, um sie zur nächsten Station zu transportieren.
Hauer, Kohlenhauer: Ein Hauer haut die Kohle aus dem Flöz. Bis Anfang des 20. Jahrhunderts wurden dafür Spitzhacken und Keilhauen benutzt, ungefähr ab den 1920er Jahren Abbauhämmer.
Heiße Arbeit, heiße Schicht: War ein Arbeitsplatz unter Tage an einer sehr heißen oder auch nassen Stelle, verkürzte sich die Schichtlänge von den üblichen acht auf sieben Stunden. Die natürliche Gesteinstemperatur bei 600 m Teufe beträgt auf Zollverein 28 °C. Etwa alle 30 Meter nimmt die Gebirgstemperatur um 1 °C zu, sodass die Lufttemperaturen unter Tage trotz der Kühlung durch die Bewetterung über 30 °C betragen konnten.

Kaue, auch Waschkaue: Wasch- und Umkleideraum der Bergleute, oft unterteilt in eine Weißkaue für die Straßenkleidung und eine Schwarzkaue für die Arbeitskleidung.
Kausche: Teil des sogenannten Fördergeschirrs, mit dem das Fördergefäß oder der Förderkorb mit dem Förderseil verbunden werden. Das Förderseil wird um das sogenannte Kauschenherz gelegt, und dann mit Seilklemmen zusammengehalten. Bei einer Klemmkausche zieht es sich selbsttätig fest.
Klötzken, Mutterklötzchen: Die Bergleute haben mit Vorliebe Teile vom Grubenholz mit nach Hause genommen, was nicht erlaubt, aber geduldet war. Gedacht war das dünn vorgespaltene Holz als Anmachholz für den Ofen, für den die Mutter zuständig war – die Mutter ist aber hier nicht zwingend die eigene Mutter, sondern oft die Mutter der eigenen Kinder, die Ehefrau.
Koepe-Förderung: Von Carl Friedrich Koepe erfunden Fördersystem, bei dem an jedem Ende des Förderseils – auch Oberseil genannt – ein Fördermittel hängt. Unter beiden Gestellen hängt das Unterseil zum Gewichtsausgleich. Der Antrieb erfolgt über eine sogenannte Treibscheibe. Man spricht in dem Zusammenhang auch von einer Koepe-Scheibe.
Kohlenhobel: Maschinen, die ab den 50er Jahren immer mehr dazu genutzt wurden, die Kohle maschinell abzubauen. Der Kohlenhobel fährt (ver-

gleichbar eben einem Hobel) wiederholt am Kohlenstoß entlang und schält dadurch die Kohle aus dem Flöz.

Kohlenwäsche: Gebäude, in dem Kohle maschinell aufbereitet wird

Kreiselsichter: Dieser Sichter trennt das Feinstkorn mittels eines Luftstroms aus der Feinkohle. Hier wird die Kohle mit Hilfe eines Streutellers in den Luftstrom gegeben.

Lufthammer: anderer Ausdruck für Abbauhammer

Luftzug: Gemeint ist hier eine druckluftbetriebene Hebevorrichtung.

M20: Gewindegröße, M steht für Metrisches Gewinde.

m/s: Meter pro Sekunde

Mittelgut: Hier sind Kohle und Bergematerial in einem Stück verwachsen.

Mittelprodukt: andere Bezeichnung für Mittelgut

Nissenhütten: vom britischen Ingenieur Nissen erstmals erbaute halbrunde Wellblechhütten

Nusskohle: Die Grobkohle (10–80 mm) wird in Nuss 1 bis 4, also in unterschiedliche Nussgrößen, unterteilt. Nuss 3 ist zum Beispiel 18–30 mm groß und wurde früher oft als Haushaltskohle für den Kohleofen eingesetzt.

NW: Normweite

Pütt: Gehste auf‘m Pütt, arbeiteste auf Zeche. Pütt ist ein Begriff für Schacht, Grube.

Rasenhängebank: Hier wird das Fördergestell von ebener Erde aus beladen, man kann auf diese Weise zum Beispiel größere Teile unter das Fördergestell hängen. Siehe *Hängebank*.

Rohkohle: So nennt man die Kohle in der Form, in der sie von unter Tage kommt – eben roh, das heißt, sie enthält noch relativ viel Restmaterial, vor allem Berge (taubes Gestein, etwa ein Viertel bis die Hälfte des geförderten Materials), aber auch immer wieder Arbeitsmaterial von unter Tage.

Satz: Hier Bezeichnung für eine der Etagen im Förderkorb. Auch die Bezeichnungen Boden ist üblich.

Schabotte: Bezeichnung für den Unterbau bei Maschinenhämmern, ein Block aus Stahl oder Beton, der als Amboss fungiert.

Schacht: Senkrechter Teil des Grubengebäudes (Ausnahmen bilden tonnlägige, schräge Schächte), zum Beispiel ein Zugang nach unter Tage. Schacht 12 hat einen Durchmesser von 7,5 Metern.

Schachthammer: Eine Signalglocke, mit der man sich mittels bestimmter Schlagfolgen im Schacht verständigt, früher mechanisch, heute elektronisch.

Schachthauer: Die Schachthauer sind für Wartung und Reparatur der Schächte zuständig.

Schäkel: U-förmiger Metallbügel, der mit einem Bolzen verschlossen wird.

schießen: Bergmännischer Begriff für sprengen. Wenn das Gestein zu hart für maschinelle Bearbeitung ist, wird gegebenenfalls geschossen, besonders im Streckenvortrieb. Die Strecken, also die Transportwege, wurden im Gestein angelegt, das härter ist als die Kohle.

Schleißbleche: Werden an Stellen eingesetzt, an denen viel Abrieb ist, zum Beispiel in Rutschen. Die einzelnen Bleche (manchmal werden auch Fliesen oder ähnliches eingesetzt) können schneller ausgewechselt werden als z. B. die ganze Rutsche.

Schlupp, auch Seilschlupp: Schlinge am Seilende, Rundschlinge

Schlüssel: hier oft abgekürzt für Schraubenschlüssel (Maulschlüssel, Ringschlüssel) usw.

Seilfahrt: Bezeichnung für den Transport von Personen

Seilkausche: siehe *Kausche*

Seilklemmen: siehe *Kausche*

Skip: Bezeichnung aus dem Englischen für Fördergefäße aus Stahl

Sohle: Im so genannten Grubengebäude unter Tage wird die Sohle als waagerechte Ebene eingezogen. Sohlen liegen wie Stockwerke übereinander. Die 15. Sohle war auf Zollverein mit 1.150 Metern die tiefste.

söhlig: Auf die Sohle bezogen, beispielsweise soll der Satz des Förderkorbes exakt söhlig (vor der Sohle) stehen.

Spillanlage: Anlage zum Verschieben der zu beladenden Waggons ohne Triebfahrzeug mittels eines Seils und mehrerer Umlenkrollen

Steiger: Aufsichtsperson im Bergbau mit einer Ausbildung an einer Bergschule oder Bergfachschule. Über Schichtsteiger, Reviersteiger, Fahrsteiger geht die Hierarchie weiter bis zur Werksleitung. Auch Zuständigkeitsbereiche werden beschrieben. So ist etwa der Wettersteiger für die Bewetterung zuständig.

Sumpf: Der Schacht wird noch einige Meter tiefer geteuft als die tiefste Sohle, die Tiefe des Sumpfes entspricht dabei der Höhe des Förderkorbes. Im Sumpf sammelt sich Grubenwasser.

Teufe: bergmännisch für Tiefe

Treibscheibenfutter: Zwischen der Treibscheibe und dem Förderseil wird ein Futter eingearbeitet, um den Reibwert zu erhöhen, was dringend geboten ist, da sonst Stahl auf Stahl laufen würde.

Trommelförderung: Hier wird ein Ende des Förderseils auf einer Trommel aufgewickelt, um am anderen Seilende das Fördermittel in den Schacht zu lassen oder es zu heben.

Unterseil: Wird bei der Koepeförderung unter beiden Förderkörben angeschlagen, als Gegengewicht. Im Schachtsumpf wird es um ein Umkehrholz gelenkt, damit es sich nicht verdreht beziehungsweise verdrallt.

Untertagewagen: andere Bezeichnung für Förderwagen

V2A-Stahl: nichtrostende Stahlsorte

Variator: stufenloses Getriebe

Vibrosichter: Ein Luftstrom, der hier quer zum Vibrationssieb geführt wird, zieht das Feinstkorn aus der Kohle. Ein nachgeschalteter Zyklon wiederum zieht den Staub aus dem Luftstrom.

Wäsche: siehe *Kohlenwäsche*

Waschberge: Die Berge, die in der Kohlenwäsche aus der Kohle sortiert worden waren, nannte man Waschberge. Lange Zeit wurden die abgebauten Bereiche unter Tage mit Waschbergen verfüllt, um die durch den Abbau entstehenden Bergsenkungen abzumildern.

Waschkaue: siehe *Kaue*

Wasserhaltung: siehe *Grubenwasser*

Wetter: Bezeichnung für die Luftströmung unter Tage, teils mit gefährlich hoher Beimischung etwa von Methangas oder Kohlenmonoxid, die beim Abbau von Kohle freigesetzt werden. Methan kann zu schlagenden Wettern, zu Explosionen, führen.

Zyklon, Zyklonfilter, Zyklonabscheider: Entstaubungsanlage zur Abscheidung von Staubteilchen aus einem Luftstrom mit Hilfe von Fliehkraft.

Abbildungsnachweis

Die meisten Fotos und Dokumente in diesem Buch stammen aus den Fotoalben der alten Waschbären.
Reinhard Danelzik, Claudia Hellwig, Kai Münschke und Eitel Mantowski haben für die aktuellen Fotos gesorgt.
Das Foto auf Seite 22 unten ist von Manfred Vollmer, Essen.
Das Foto auf Seite 212 ist aus dem Archiv von Ralf Piorr.
Das Katasteramt Essen hat als Grundlage für die Grafik auf Seite 164 die Karte zur Verfügung gestellt.

Verlag und Herausgeber haben sich bemüht, die Urheberrechtsinhaber aller Abbildungen zu ermitteln. Sollten dennoch geltende Ansprüche nicht berücksichtigt sein, bitten wir um entsprechende Nachricht an den Verlag.